Lars Poppenborg

In fünfter Generation

Lars Poppenborg

In fünfter Generation

17 Portraits deutschstämmiger Persönlichkeiten
Namibias und Deutsche mit Bezug zu Namibia

Impressum

Bibliografische Information der Deutschen Nationalbibliothek:
Die Deutsche Nationalbibliothek verzeichnet diese Publikation in der Deutschen Nationalbibliografie; detaillierte bibliografische Daten sind im Internet über http://dnb.dnb.de abrufbar.

Lektorat: Katharina Kairies

Herstellung und Verlag: BoD – Books on Demand, Norderstedt

ISBN: 978-3-7494-9905-2

Inhalt

Vorwort

Vorwort

Nach dem erfolgreichen Abschluss meines Lehramtsstudiums habe ich eine wundervolle Zeit als Lehrer in Namibia verbracht und viele tolle Menschen kennengelernt. Oft beeindruckten mich ihre Geschichten und zugleich begeisterte mich ihre Offenheit.

Über diese Persönlichkeiten wollte ich schreiben.

Da in Namibia jeder jeden kennt, war das Knüpfen der Kontakte zu Interviewpartnern, die ich meist über das Internet anrief, relativ einfach und unkompliziert. Manchmal war die Terminfindung innerhalb weniger Tage abgeschlossen und die Aufnahme schnell erledigt, teilweise zog sich dieser Prozess aber auch über Wochen hin. Nach den Telefonaten war ich oft so begeistert, dass ich mich dann umgehend ans Schreiben begab, lange Gespräche schob ich auch nach hinten und tippte sie erst Wochen später in den Computer.

Das Interviewen und Schreiben hat mir große Freude bereitet und zugleich das Fernweh stark wachsen lassen.

Da Namibia so viel zu bieten hat, stehen die ersten Interviewpartner für einen möglichen zweiten Teil schon auf einer Liste....

Andreas Niedrig: Der Weltklasse-Triathlet, der sich stets neu zu motivieren weiß

Für Andreas Niedrig ist Schwimmen, Radfahren und Laufen seit 30 Jahren sein erfüllernder Sport. Seit mehr als 20 Jahren arbeitet er als Referent an verschiedenen Präventiv- und Motivationsprojekten. Der ehemalige Weltklasse-Triathlet, der beim härtesten Triathlon auf Hawaii über die Langdistanz (3,8km schwimmen, 180km radfahren und 42km laufen) den 7.Platz belegte und in Roth über diese Distanz lediglich 8:03 Stunden benötigte und auch noch heute an verschiedenen Triathlon-Wettkämpfen weltweit teilnimmt, hat die Begeisterung für Namibia gepackt.

Recht spontan meldet er sich zum härtesten Mountainbike Eintragsradrennen „Desert Dash" an. Während der Corona-Zeit finden keine Triathlon-Veranstaltungen statt. Andreas fühlt sich relativ gut, erfährt von einem Freund vom Rennen durch die Namib-Wüste und meldet sich spontan und zugleich etwas blauäugig dafür an. Im Grunde genommen weiß er nicht, was ihn zwischen Windhoek und Swakopmund erwartet. Er rechnet mit einem „normalen" Mountainbike-Rennen. Dass man durch tiefen Wüstensand fahren muss, ist ihm zu dem Zeitpunkt nicht klar. Vom Schweizer Mountainbikemeister und mehrmaligem Gesamtsieger des Desert-Dashs Konny Loser holt sich Andreas vorab einige Tipps.

Das kurzerhand besorgte Mountainbike erleidet auf dem Transportweg von Deutschland nach Namibia einen kleinen, aber wesentlichen Schaden: Die Bremsscheibe ist verbogen und so nicht mehr zu gebrauchen. In Windhoek trifft er auf Mannie Heyman von „Mannie´s Bike Mecca", der sein Radproblem kurzerhand wieder in den Griff bekommt. Zusätzlich lernt Andreas Leander Borg kennen, den Organisator des Rennens. Die beiden verstehen sich auf Anhieb und reden gleich mehrere Stunden miteinander und Leander ist es, der Andreas aus dem Windhoeker Stadthotel in eine gemütliche Lodge umbucht. Andreas genießt die Zeit auf der Lodge extrem: Das Essen, das Leben und das Gefühl auf der Lodge sind für ihn überaus beeindruckend.

Schon die Fahrt im Bushtaxi ist sehr aufregend für den Extremsportler. Von Warnungen lässt sich Andreas nicht beirren und nutzt die kostengünstige Möglichkeit, um von der Stadt zur Lodge zu kommen. Als einziger Hellhäutiger ist er eine riesen Attraktion im Fahrzeug - es wird viel gelacht und dann auch spontan gesungen. Selbst auf die Frage nach Andreas Lieblingsfußballverein hat der leicht angetrunkene Sitznachbar die passende Antwort und beschimpft den konkurrierenden Ruhrgebietverein umgehend, was bei Andreas zu großer Belustigung führt.

In Windhoek versammeln sich morgens alle Wüsten-Radsportler in der Tiefgarage eines Kaufhauses, um die Athleten bei 40 Grad Celsius nicht in der Hitze stehen zu lassen. Ein gewisser Respekt vor dem 373km langen Rennen ist bei allen Teilnehmern spürbar. Geschlossen fahren alle Teilnehmer aus der Tiefgarage zu einer Autobahnbrücke, an der der Startschuss zum Rennen ertönt. Nach 15km Asphalt geht es eine kurze Strecke bergauf, direkt wieder bergab und nach dem Erreichen des Sandes beginnt das 369km lange Rennen. Die ambitionierten Starter treten umgehend stark in die Pedale. Andreas kann anfänglich mit den zukünftigen Siegern mithalten, muss nach 50m jedoch abreißen lassen. Ihm fehlt schlicht die richtige Technik auf diesem Vehikel und Untergrund.

Nach wenigen Kilometern im Wüstensand stellt sich heraus, dass sein erstes Mountainbikerennen eine riesengroße Herausforderung wird.

Er hat Schwierigkeiten, seine Ideallinie zu finden. Der tiefe Sand und die ständigen Huckel führen dazu, dass Andreas ständig von links nach rechts geführt wird.

Immer wieder trifft er auf Fahrer, die ihm vor einigen km begegnet sind - mal fährt man voraus, dann fällt man wieder zurück und wird von den Verfolgern eingeholt.

In der tiefen Nacht sieht Andreas schon zahlreiche Lampen vor dem Treffpunkt auf halber Strecke (Halfwaypoint). Anders als bei anderen Rennen gibt es in der Namib keine Begleit- oder Führungsfahrzeuge, die die Strecke ausleuchten. Jeder Fahrer ist für die Ausleuchtung der Stecke selbst verantwortlich.

Beim Halfwaypoint wird Andreas sein Mountainbike zu Kontrollzwecken und für Wartungsarbeiten kurz weggenommen.

Er weiß, dass er nicht so schnell unterwegs sein wird, dass er mehr Energie als beim Triathlon-Rennen benötigen wird und verschiedene Kontrollen anfahren muss. An den Kontrollpunkten gibt es Wasser zum Auffüllen der Flaschen, nur an wenigen Stellen gibt es Energieriegel für die Teilnehmer. Andreas berechnet im Vorfeld seinen Energieverbrauch völlig falsch. Wenige Kilometer vor dem Halfwaypoint bekommt er starke Krämpfe und muss das Fahrrad die letzten 4km schieben. Als Achtundfünfzigster erhält er während der kleinen Pause ein energiespendendes Nutellabrot, was direkt von Fernsehkameras eingefangen wird. Mit zusätzlicher Kleidung macht sich Andreas wieder auf den Weg. Körperlich fühlt er sich nach dem Energieschub wieder gut, sein Magen macht jedoch Probleme. Er kämpft sich stetig nach vorne, muss sich jedoch alle 10 bis 15km übergeben. Nach dem fünften Aufholversuch und dem magenbedingten Rückfallen wird er von der Konkurrenz mit den Worten: „Da kommt doch schon wieder der verrückte Deutsche, der gleich wieder kotzen muss!", lächelnd begrüßt. Trotz der sportlichen Rivalität fährt ihm die Gruppe nie davon, sondern nimmt ihn immer wieder neu auf. Andreas Magen beruhigt sich nach ungefähr 250km immer mehr, sodass Andreas die Gruppe die letzten 80km lang anführt und Tempo macht. Von 5 Fahrern bleiben dann noch 3, die sich bis an die ersten 10 Fahrer ranfahren können. Bei Andreas geht es um den Spaß beim Rennen, eine vordere Platzierung oder gar ein Podiumsplatz sind nicht sein Ziel. Seine beiden Mitfahrer haben den Lebenstraum, unter die ersten 10 zu kommen und so lässt sie Andreas trotz seiner fahrerischen Überlegenheit vor und erreicht die Ziellinie als Zehnter, hinter seinen beiden übriggebliebenen Mitstreitern.

Nach dem Rennen erlebt Andreas mit Organisator Leander aufregende Tage im Busch, beim Wasserskifahren und am Wasser. In Deutschland vermeidet Andreas den Verzehr von Fleischprodukten, da er gegen die in Europa übliche wirtschaftliche Massentierhaltung ist. In Namibia geht er mit zur Jagd und genießt beim Braai das erlegte Wild.

Mit dem Fatbike fährt er anschließend an der Küste entlang, sucht Schlangen in der Wüste und grillt frisch gefangene Langusten.

In Swakopmund genießt der Extremsportler eine Schwarzwälder Kirschtorte und zudem die „deutsche Gemütlichkeit" in den Cafes.

Am Ende des Jahres 2023 möchte Andreas wieder am Desert Dash teilnehmen, diesmal jedoch besser vorbereitet.

Foto: Andreas Niedrig im Khomashochland. Mit einer Höhe von 2050m ist der Kupferberg Pass der höchste Straßenpass des Landes.

Andrew Imalwa: Ein Namibianer in der DDR

Während der Zeit der DDR unterhält die Regierung enge Beziehungen zu verschiedenen Ländern in Afrika, darunter auch Namibia. Aufgrund des jahrzehntelangen Kampfes gegen die Apartheid in Südafrika hat die DDR eine starke Beziehung zu namibischen Freiheitsbewegungen, insbesondere der SWAPO (South West Africa People's Organization).

Während des Unabhängigkeitskampfes beschießt die südafrikanische Luftwaffe das Flüchtlingslager Cassinga in Angola, in dem sich u.a. viele Freiheitskämpfer der SWAPO im Exil befinden. Ungefähr 600 Menschen kommen bei diesem Angriff ums Leben.

Daraufhin schickt die SWAPO 430 Kinder aus dem Lager in die damalige DDR. Die DDR Regierung erhofft sich von dieser Kooperation, dass Namibia zukünftig ein kommunistischer Staat werden würde. Die Kinder sollen die zukünftige Elite des afrikanischen Landes werden. Nach der Ankunft werden die Kinder, die teilweise durch den Angriff Waisen geworden sind, in speziellen Kinderheimen und Schulen in Mecklenburg-Vorpommern und Sachsen-Anhalt untergebracht. DDR-Erzieherinnen und teilweise Erzieherinnen aus Namibia betreuen die Neuankömmlinge.

Tausende namibische Studenten erhalten Stipendien, um in der DDR zu studieren, und es werden auch zahlreiche Arbeitskräfte aus Namibia angeworben, um in der Industrie und Landwirtschaft der DDR zu arbeiten. Viele dieser namibischen Staatsbürger bleiben für längere Zeit in der DDR, einige Wenige heiraten sogar DDR-Bürger und gründen Familien.

Die namibischen Studierenden werden hauptsächlich an der Humboldt-Universität in Ost-Berlin und an anderen Hochschulen in der DDR ausgebildet. Sie erhalten eine breite Ausbildung, die sie später in ihrem Kampf für die Unabhängigkeit ihres Landes einsetzen bzw. einsetzen sollen.

Allerdings werden die Namibier in der DDR auch mit einigen Schwierigkeiten konfrontiert. Viele haben Probleme mit dem Leben in der DDR, mit der Sprache und der Kultur, da sie aus einem völlig anderen kulturellen Umfeld kommen.

Nach der Wiedervereinigung Deutschlands kehren viele Namibier in ihre Heimat zurück, um beim Aufbau des unabhängigen Namibias zu helfen. Die meisten von ihnen haben immer noch positive Erinnerungen an ihre Zeit in der DDR und betrachten sie als eine wichtige Phase in ihrem Leben und in der Geschichte Namibias.

Einer, der in die ehemalige DDR gebracht wurde, ist Andrew Imalwa.

Andrew wird 1981 in einem Flüchtlingslager in Sambia geboren, in dem seine Familie zu der Zeit lebt. Im Alter von 3-4 Jahren wird er mit seiner Familie in die damalige DDR geflogen.

Andrew lebt während seiner Zeit in der DDR erst im Schloss Bellin im Landkreis Güstrow in Mecklenburg-Vorpommern. Mitten in einem kleinen Dorf, jedoch immer getrennt von der einheimischen Bevölkerung. Besuche in der Stadt erfolgen immer mit Begleitung der Erzieherinnen. Ein Zusammentreffen oder Mischen mit ostdeutschen Kindern findet nicht statt, außer bei Sportveranstaltungen. Die Kinder erleben in ihrer ursprünglichen Heimat Apartheid und in der ehemaligen DDR wird ein ähnliches Leben mit Trennung nach Hautfarben fortgesetzt, wobei den

Kindern das nie so richtig bewusst ist, da man es ihnen einfach nicht erklärt. Nach dem Kindergarten oder nach dem Schultag bleiben die Kinder auf dem Gelände des Schlosses Bellin und kommen somit gar nicht in Kontakt mit anderen Kindern des Dorfes.

In der Schule haben die Kinder zu den üblichen Unterrichtsfächern wie Mathematik, Deutsch, Geographie, Sport usw. zusätzlich noch eine militärische Ausbildung erhalten. Mit Holzgewehren bewaffnet singen sie Freiheits-, Kampf- und Kriegslieder. Teilweise werden die Lieder in der Sprache Oshivambo gesungen, aber auch in Deutsch. Plan der ganzen Aktion ist es, dass die Kinder nach ihrer Rückkehr als ausgebildete Soldaten ihr Heimatland befreien und in eine kommunistische oder sozialistische Orientierung führen sollen.

Der Freiheitskämpfer und spätere Staatspräsident Namibias Sam Nujoma besucht zu dieser Zeit auch die Kinder in der ehemaligen DDR, gemeinsam mit anderen Führern der SWAPO und mit Erich Honecker, dem Ersten Sekretär des Zentralkomitees der SED.

Andrew hat Glück, dass er nicht, wie viele andere, alleine in die DDR geflogen wird. Seine Eltern nehmen auch an dem Programm teil und studieren in Berlin, Leipzig und Dresden. In den Ferien oder zu Geburtstagen wird der Grundschüler dann zu seinen Eltern gefahren und darf mit ihnen Zeit verbringen - alles jedoch immer in Begleitung einer Erzieherin.

In Bellin besucht er erst einmal einige Jahre den Kindergarten. 1988 wird er eingeschult und besucht die erste Klasse in Mecklenburg-Vorpommern.

Im Folgejahr zieht er nach Staßfurt in Sachsen-Anhalt und besucht dort die zweite Klasse der „Schule der Freundschaft". Dort kommen bis 1990 viele Kinder aus den Flüchtlingslagern in Angola und Sambia zusammen und auch aus Namibia.

1989 erfolgt dann die Wiedervereinigung von DDR und BDR und im darauffolgenden Jahr die Unabhängigkeit Namibias. Sehr kurzfristig teilt man den Kindern mit, dass sie ihre Sachen packen sollen und in ein paar Tagen nach Namibia zurück geschickt werden.

Für viele Kinder ist das eine extreme Umstellung, sie wissen nicht, wohin mit ihren Gefühlen, da sie zuvor nie in Namibia waren.

Am Flughafen werden die Kinder abgeholt und erst einmal zu einer Sammelstation in den Windhoeker Vorort Katutura gebracht. Zwei Wochen bleibt Andrew mit seinem Bruder dort, ehe ihn seine Eltern abholen. Andere Kinder haben nicht so viel Glück und müssen weitere Wochen bleiben, bis sie von Verwandten abgeholt werden. Andrew möchte zuerst gar nicht zu seinem neuen Zuhause - das Leben in der Gruppe und das ständige Zusammensein hat die Kinder so stark zusammengeschweißt, dass sie sich ein Leben in der Familie und der neuen, fremden Umgebung so gar nicht vorstellen können. Zwei Wochen nach der „Familienzusammenführung" beschließen Andew und sein Bruder, wieder zurück zur Sammelstelle zu gehen, um zu seiner „Familie" aus der DDR zurückzukehren. Das geht natürlich nicht.

Kontakte zu den anderen Kinder pflegen zu können, funktioniert noch immer - man besucht sich und geht teilweise auf dieselbe Schule. Da Andrews Eltern jeweils beim Ministerium arbeiten, können sie sich den Besuch der Deutschen Höheren Privatschule (DHPS) in Windhoek leisten. Er hat es unter den deutschen Famerskindern nicht immer leicht, beherrscht zwar die deutsche Sprache in perfekter Weise, hat aber eine dunkle Hautfarbe, was er regelmäßig zu spüren bekommt. Ehemalige DDR-Kinder, deren Eltern nicht so gut gestellt sind, werden von einer Organisation während der Schulausbildung oder Lehre unterstützt.

Ab der vierten Klasse geht Andrew dann auf die Deutsche Schule Windhoek (DSW) und schließt dort auch später seine Schulausbildung ab.

Zurück in Namibia vermisst er das regelmäßige und abwechslungsreiche Essen. Während er es in der DDR gewohnt ist, 3-4 Mahlzeiten pro Tag zu sich zu nehmen, gibt es in Namibia hauptsächlich Mielie Pap, ein Brei aus Maismehl, zu essen.

Noch härter trifft es die Kinder, die in Windhoek von ihren Großeltern abgeholt werden und mit ihnen in den Norden reisen, wo sie in traditionellen Hütten leben müssen. Die Schulen sind dort weit vom Dorf entfernt und der gewohnte Luxus aus der DDR wie fließendes Wasser ist nicht gegeben, Wasser muss man sich aus Brunnen holen. Auch wenn Andrew in den Ferien im Norden Verwandte besucht, ist er anschließend wieder froh, in der Stadt zu sein.

Die Sprache im Hause Imalwa ist nach der Rückkehr nach Windhoek Deutsch. Englisch, Afrikaans und Oshivambo muss Andrew in Namibia lernen. Noch heute lacht man ihn aus, wenn er Oshivambo spricht, da noch immer Deutsch die Sprache ist, die er am besten beherrscht.

Nach seinem Schulabschluss studiert er kurz, bekommt dann ein Angebot der deutschen Fluggesellschaft „Lufthansa" und beginnt in Kapstadt für sie zu arbeiten. Für verschiedene deutschsprachige Unternehmen u.a. als Tourguide usw. ist er dann tätig und seit kurzem arbeitet er für Edelweiss, dem Tochterunternehmen der Schweizer Fluggesellschaft Swiss.

Andrew sieht es für sehr wichtig an, dass die Jugend in Namibia heute noch Deutsch lernt. Im Bereich Tourismus kann man auf Touristen aus den deutschsprachigen Ländern zählen und auch die aktuellen Firmen sind viel in deutscher Hand und auch in der Zukunft wollen sich zahlreiche deutsche Firmen in Namibia niederlassen.

Eine Zeit lang gibt es einen Club der Oshivambo-Deutschen, der sich regelmäßig trifft und austauscht - leider kann dieser Club nicht mehr aufrecht erhalten werden.

Während der Zeit in der DDR erfinden die Kinder ihre eigene Sprache, die sie Oshideutsch nennen - eine Mischung aus Deutsch und Oshivambo. Weder die deutschen Erzieherinnen noch die mitgereisten Erzieherinnen aus Nambia können ihnen sprachlich folgen.

Auch nach der Rückkehr nach Namibia bleibt man der Oshideutschen Sprache treu. Die anfängliche Geheimsprache wird zu einem identitätsstiftenden Marker einer Gruppe von Sprechern.

Noch heute hat Andrew Kontakt zu anderen Leuten, die auch eine DDR-Vergangenheit haben, aber auch deutsche Touristen, die er früher als Guide betreut hat, halten Kontakt und besuchen ihn regelmäßig.

Berufsbedingt hat er eine Schulung in der alten Heimat gemacht, im Osten ist er seit seiner Rückkehr jedoch nicht mehr gewesen. Eine neue Reise ist bereits geplant, ganz konkret ist es jedoch noch nicht geworden.

Foto: Andrew Imalwa

Ees: Das musikalische Allroundtalent

Am 5. Oktober 1983 erblickt Ees, den man zu der Zeit noch Eric nennt, in der Hauptstadt Windhoek, das Licht der Welt. In der Hauptstadt besucht er dann die Unterstufe und Oberstufe der Delta-Schule Windhoek. Besonders viel Freude hat er nicht an der Schule und sieht zu, dass er diese Zeit möglichst schnell hinter sich bringt.

Im Anschluss beginnt er in Kapstadt ein Studium und schließt es nach zwei Jahren als Tontechniker ab. Der Liebe wegen zieht es ihn direkt im Anschluss ans Studium in die Heimat seiner Vorfahren zurück.

Als international erfahrener Mann beginnt er direkt seinen ersten Job in Deutschland bei einer Firma, die verschiedene TV-Sendungen produziert, u.a. Formate wie „TV total". Zufälligerweise gemeinsam mit seinem Freund Pierre „Hunta" Werner, die beiden teilen sich anfänglich eine Wohung und genießen diese Zeit sehr, entspannen bei Reggae Musik und überlegen sich, Bud Spencer Filme mit Nam-Slang Unterhaltungen nachzuvertonen. In der Deutschnamibiaer Community stößt dies auf große Begeisterung.

Sein musikalisches Talent wird aber schon früher erkannt: Während seiner Schulzeit fällt einem Mitschüler auf, dass Ees ständig Musiktexte aufschreibt und bittet ihn, einen Song aufzunehmen. Ees belächelt dies anfänglich etwas, bis der besagte Mitschüler vor Ees Haustür steht und mit ihm einen Song aufnimmt. Ees kann sich noch heute genau an diesen für ihn prägenden, so tollen und beeindruckenden Moment erinnern, da dies seine Berufswahl entscheidend beeinflusst hat.

Von der Idee, Musiker zu werden, waren die eigenen Eltern zuerst nicht begeistert und überzeugten ihn von einem Studium, was thematisch dem Beruf Musiker am nächsten lag. Dies räumte ihm die Möglichkeit ein, die eigene Musik professionell aufzunehmen. Während des Studiums in Südafrika produziert er seine ersten drei Alben. In Deutschland angekommen, macht er fleißig weiter und produziert in jedem Jahr ein Album. Mittlerweile sind auf diese Weise 14 Alben zusammengekommen.

Da Ees keine Schlager produziert, wie sie noch immer gerne in Namibia gehört werden, sondern die für einen Weißen eher untypische Musikrichtung Kwaito. Anfänglich nimmt man ihm die Verbundenheit zur Kwaitomusik nicht ab und hält ihn für einen Schauspieler oder jemanden, der sich in einer „besonderen Phase" befindet. Nach ein paar Jahren stellen die Kritiker dann doch fest, dass Ees die Musikrichtung und seine Musik wirklich lebt. Für ihn ist es keine Modeerscheinung, er wächst mit der Musik auf, hört sie tagtäglich in der Schule. Anfänglich begeistern ihn auch andere Musikrichtungen, wie z.B. HipHop, mit der Zeit stören ihn die Diskrimierungen und die Angebereien in dem Musikgenre aber immer mehr. Mit der Zeit fasziniert ihn mehr Kwaito, insbesondere die namibianische Abspaltung der Musikrichtung, die ursprünglich aus Südafrika stammt. Oftmals versteht er die Texte nicht, aber die Energie und der Rhythmus der Musik begeistern Ees. Auf Heimaturlaub in Windhoek wird Ees bei einem Besuch eines Fernsehsenders angeraten, mal mit bereits bekannten Kwaito-Größen Namibias Musik aufzunehmen. Die fehlenden Kontakte hat man ihm im Vorfeld organisieren können. Ees schreibt die Musiker an und auf der anderen Seite kennt man den weißen Kwaito Exot auf Anhieb und eröffnet ihm die Bereitschaft, musikalisch etwas mit ihm auf die Beine stellen zu wollen. 2006 besucht der mit am bekannteste Kwaito Artist Namibias „Gazza" Ees während eines Frankreichaufenthalts und die zwei nehmen gemeinsam den Hit „International" auf, der sehr erfolgreich wird. Besonders gut kommt bei dem internationalen Publikum an, dass Ees in Oshivambo singt. Ees fängt an, die Sprache zu lernen, aufgrund der Ferne zu Namibia und dem fehlenden regelmäßigen Sprachgebrauch, verlernt er die für ihn doch zu fremde Sprache relativ schnell - Begrüßungsrituale, Zahlen und zahlreiche Wörter, die in vielen Oshivambo Liedtexten vorkommen, beherrscht er noch immer. Sein Großvater, der in Otjiwarongo aufgewachsen ist, sprach fließend Herero und sorgt bei den Stammesmitgliedern für große Begeisterung, wenn ein Weißer fließend und akzentfrei „ihre Sprache" spricht.

Viele namibianische Künstler sind vorrangig in ihrer Stammesgruppe beliebt. Ees hingegen agiert stammesübergreifend: Buren, Ovambos, Hereros und natürlich von Deutschstämmigen und von vielen weiteren Stammesgruppen wird er gehört.

Ees beschränkt sich nicht ausschließlich auf die Produktion von Musik und Musikvideos. Videoclips mit Politiksatire auch in Englisch und Afrikaans lassen seine Popularität weiter ansteigen. Immer wieder sucht er den Kontakt zu aufsteigenden Musikern im Lande, fördert sie und produziert mit ihnen gemeinsame Projekte.

Aufgrund der immer größerwerdenden Popularität von Ees wird er für immer zuschauerreichere Veranstaltungen und Festivals gebucht. Beim Summer Jam Festival, einem der größten Raggae Festivals Europas, spielt Ees vor über 40.000 Besuchern.

Ees hofft noch auf den einen großen Hit, der ihm alle Türen in Deutschland öffnet und ihm noch mehr Aufmerksamkeit bringt. Vor ein paar Jahren hat man die Hoffnug, dass Ees den großen Musikkonzernen zeigen kann, wie viel Talent in ihm steckt, als er die TV-Castingshow „X-Faktor" mit eigenen Liedern gewinnt. Die zahlreichen Zuschauer im Studio feiern ihn und auch die Fernsehzuschauer rufen entscheidend für ihn an, sodass Ees als Person und mitsamt seiner Musik zum Publikumsliebling aufsteigt. Der anschließende Plattenvertrag wird nicht erfüllt, da Ees sich nicht verbiegen lässt und seinen Musikstil daher nicht verändert, nur um CDs zu verkaufen und Geld in die Kassen der Plattenfirma spülen zu können.

Ees möchte mit seiner Musik die Zuhörer positiv beeinflussen und motivieren, dabei seiner Linie aber stets treu bleiben.

Wenn die Leute bei seinen Auftritten immer wieder den „Sundowner" Hit hören wollen, langweilt ihn das gar nicht. Seine

Eltern sind wahre „Sundowner-Kings" und da Ees den Titel von ganzem Herzen geschrieben hat, ihn selbst liebt, erfreut es ihn immer wieder, wenn der Hit vom Publikum gefordert wird und er ihn performen darf.

Eine ungeahnte Leidenschaft in Ees´Leben entsteht, als der Musiker ein Lied über einen Shaggon Waggon schreibt und für das dazugehörige Video einen VW Bulli benötigt. Ein Bekannter leiht ihm für die Produktion den Wagen, doch um Ees ist es geschehen, er will den Wagen direkt kaufen. Anfänglich streubt sich der Besitzer noch, ein Jahr später knickt er dann doch ein und verkauft Ees den Bulli. Das Fahr- und Lebensgefühl in einem solchen Wagen begeistert den neuen Bulliliebhaber, sodass er sich für ältere Modelle interessiert. Frisch bedruckt zieht der Wagen große Aufmerksamkeit auf sich und die Leute beginnen VW Bullis mit Ees in Verbindung zu bringen. Das hat den großen Vorteil, dass ihm nun zahlreiche Fahrzeuge zum Kauf angeboten oder direkt geschenkt werden. Ees legt gemeinsam mit seinem Onkel Fiedel viele 100km zurück, um im Land die abelegensten Orte aufzusuchen und in abenteuerlichen Rettungsaktionen die Fahrzeuge, die teilweise zu Hühnerställen umfunktioniert sind, aufzuladen und anschließend in der Werkstatt von Onkel Fiedel wieder straßentauglich zu machen. Mittlerweile umfasst seine Sammlung eine stattliche Anzahl von 25 VW Bullis aus vielen verschiedenen Baujahren und in den unterschiedlichsten Zuständen. Die Technik interessiert ihn nicht sonderlich. Die nicht immer rund laufenden Motoren haben ihn schon einiges an Nerven gekostet, daher ist er um so dankbarer dafür, dass ihn sein Onkel Fiedel bei diesen Angelegenheiten so sehr unterstützt und er seinem Fachwissen vertrauen kann.

Mittlerweile besucht Ees nur noch ein- bis zweimal im Jahr seine alte Heimat. Ist er einmal auf Besuch im Lande, sind seine Tage komplett durchgetaktet: Musikvideos müssen abgedreht, Geschäftspartner wollen besucht und potentielle Kunden seiner Citytouren wollen mit neuen Flyern versorgt werden. Wenn seine

Frau mitreist, bleibt aber immer noch etwas Zeit ohne Termine, in der auf einer Lodge entspannt wird.

Ees ist mittlerweile geschäftlich breit aufgestellt. Er vertreibt eigenes Biltong, Kududerschuhe (die sogenannten Vellies) mit Zebrafell an der Hacke, seinen eigenen Energiedrink Wuma, veranstaltet Städtetouren in Windhoek und Swakopmund und nebenbei macht er ja auch noch Musik.

Geht man in der Familienhistorie Ees´weit zurück, erfährt man, dass die Mutter Ees´Vaters nach dem Zweiten Weltkrieg 1948/49 als 15-jähriges Mädchen nach Namibia kam.

Noch weiter zurück geht es zum Vater seiner Urgroßmutter, der 1896 aus Deutschland nach Namibia kam. Er gehörte zu den 7 Reitern, die vom Fort Namutoni aus 500 angreifende Ovambos in die Flucht schlugen und in der darauffolgenden Nacht ins 100km entfernte Tsumeb fliehen konnten.

Seine Familie vermisst der Musiker und die Menschen aus Namibia, die so entspannt sind und mit denen man sich ganz locker am Lagerfeuer unterhalten kann. Gespräche müssen nicht zwingend tiefgründig sein, die Hauptsache ist, dass man eine gute Zeit miteinander hat.

Foto: Alexander Heinrichs

Evelin und Fritz Nienhaus: Die liebenswerten Praktikantenbetreuer von der Küste

Evelin und Fritz leben bereits in vierter Generation in Namibia. Fritz Nienhaus´Großvater Joseph Anton Nienhaus kommt als gelernter Tischler 1913 nach Südwestafrika, nachdem er eine Stellenanzeige in der Bocholter Tageszeitung gelesen hat. Mit dem Schiff „Bürgermeister" macht er sich auf den Weg in die Deutsche Kolonie im südlichen Teil Afrikas, arbeitet eine Zeit lang für einen Herrn Schemmer in Omaruru, macht sich dann mit einer Tischlerei selbständig, die dann zu einer Baufirma wird. Nach dem Ausbruch des Ersten Weltkrieges schließt sich Joseph Anton der Deutschen Schutztruppe an und wird in Aus stationiert. Aus Angst vor dem eigenen Ende schreibt Joseph Anton einen Abschiedsbrief an seine Familie, der glücklicherweise nicht abgeschickt wird, da der junge Schutztruppler den Einsatz gegen die Südafrikaner unversehrt überlebt. In seiner Münsterländer Heimat ist Joseph Anton eine bekannte Größe, regelmäßig berichtet die Tageszeitung seiner Heimatstadt Bocholt über den Auswanderer. Noch viele Jahrzehnte später schreibt die Tageszeitung von der Auswanderung des jungen Tischlers.

Fritz´Großmutter ist eine geborene Nohl und ihr Vater bereits in Okasise geboren.

Fritz wird in Omaruru geboren, wächst dort auf und besucht dort auch die ansässige Grundschule. Dann ist er eine kurze Zeit lang Schüler der Oberschule in Otjiwarongo, ehe er dann die meiste Zeit in Swakopmund die Schule besucht und auch an der Küste abschließt. Da zu dieser Zeit die Ausbildung in Namibia noch nicht so gut ist, macht Fritz seine Lehre zum Elektriker in Südafrika. Anschließend hilft er zwei Jahre bei der Stadtverwaltung in Omaruru aus, lernt seine spätere Frau Evelin, die er liebevoll „meine Maus" nennt, kennen und reist ihr aus dem Inland nach Swakopmund nach. Insgesamt 30 Jahre arbeitet er dann bei der Stadtverwaltung in Swakopmund - die letzten beiden Jahre dann in

Walfischbai, da die elektrische Abteilung an das Unternehmen ErongoRED abgegeben wurde.

Evelins Urgroßvater Anton Passarge war Setzer bei einer Zeitung. Da die Buchstaben zu der Zeit alle aus Blei gefertigt waren, führte dies unweigerlich dazu, dass er eine sogenannte Bleilunge bekam. Die Ärzte empfahlen ihm einen Aufenthalt in Pietermaritzburg/Südafrika, um dort bei bestem Wetter die Lunge zu kurieren. Kurze Zeit später zieht er ins benachbarte Südwestafrika und eröffnet in der Küstenstadt Swakopmund eine kleine Buchhandlung. 1926 kommen dann Evelins Großeltern nach, beantragen Farmland, deren Bewilligung sich jedoch sehr lange hinzieht. Evelins Großvater wird zwischenzeitlich krank und möchte in der Nähe von Stellenbosch eine Weinfarm aufbauen. Da sich der gesundheitliche Zustand in Südafrika leider nicht verbessert, kommen die Großeltern zurück nach Südwest und erhalten im Jahre 1930 eigenes Farmland. Von Dürre geplagt, erweist sich der Start in Südwest als sehr schwierig. 1934 folgt dann der große Regen und die Farm erleidet viel Schaden. Es braucht eine ganze Zeit, bis die Großeltern in der Nähe von Otavi richtig Fuß fassen können.

Evelins Mutter Eva-Maria Runds, geb. Ueberrück geht, zu ihrer Freundin nach Südafrika und bringt dort ihre Tochter Evelin zur Welt. Nur drei Monate später zieht es die Mutter mit ihrer Tochter wieder zurück nach Windhoek. Nach sechs Jahren in Windhoek ziehen die beiden nach Walfischbai, da Evelins Mutter ihren zukünftigen Mann, den Swakopmunder Buchhalter Alfred kennenlernt. Er ist für Evelin wie ihr Vater und die beiden haben dauerhaft ein sehr inniges Verhältnis zueinander. Evelin erinnert sich noch sehr gut daran, wie sie nach der standesamtlichen Trauung ihrer Eltern auf Alfred zuläuft, ihn in die Arme schließt und überglücklich ist, nun einen „Papa" zu haben.

Einen Teil der Grundschulzeit verbringt Evelin in Walfischbai, ehe die Familie nach Swakopmund zieht. Dort schließt sie ihre Schule ab und beginnt mit dem Lehramtsstudium in Grahamstown in Südafrika. Nach einem halbjährigen Einsatz an einer Grundschule in Walfischbai wird Evelin nach Swakopmund versetzt. Da Evelin ein Stipendium erhalten hat und damit verbunden eine Jobgarantie, muss sie irgendwo unterkommen. Da man anfänglich jedoch keine wirkliche Aufgabe für Evelin hat, teilt man kurzerhand eine erste Klasse in zwei gleichgroße Teile und übergibt Evelin die Klassenleitung. In einem notdürftigen Raum unterrichtet Evelin in der Folgezeit die doch recht überschaubare Gruppe, ehe sie im Folgejahr eine komplette zweite Klasse mit annähernd 30 englischsprachigen Kindern unterrichtet.

Mit großer Freude geht Evelin ihrer Lehrertätigkeit nach, bis sie ihre zwei Jungs Wilko und Stephan bekommt. Als ihr Erstgeborener im Grundschulalter ist, beginnt Evelin langsam wieder zu arbeiten: Sie hilft im Kindergarten aus und unterrichtet in der Deutschen Schule Swakopmund, dem Vorgänger der heutigen Namib-Primary-School.

Erst in der Folge der Unabhängigkeit kommen die ersten schwarzen Kinder an die Schule. Diese sind die zurückgekehrten Kinder, die in der ehemaligen DDR gelebt haben.

Nachdem Evelins und Fritz´ Kinder größer sind, arbeitet Evelin mit geringer Stundenzahl an der Namib-Primary-School. Als Wilko und Stephan dann in der Oberschule sind, stockt Evelin ihre Stunden stetig auf und arbeitet dann voll an der ehemaligen Deutschen Grundschule. Sechs Jahre lang unterrichtet Evelin dann in Folge das erste Schuljahr mit englischsprachigen Kindern.

Irgendwann entspricht die Arbeit nicht mehr ihren Vorstellungen von Schule, da die Klassen immer „vollgestopfter" werden und nur noch dokumentiert werden muss, statt mehr mit den Kindern und für die Kinder zu arbeiten. Evelin zieht die Reißleine und verabschiedet sich in Frühpension.

Ganz kann sie jedoch nicht vom Lehrersein loslassen, richtet im ehemaligen Kinderzimmer eine Art Schulzimmer ein und unterstützt fortan Kinder bei den Hausaufgaben und übt mit ihnen oder holt verpasste Unterrichtsinhalte in den Fächern Deutsch und Mathematik der Klassenstufen 5 und 6 nach.

Viele Jahre lang betreut Evelin mit viel Einsatz Praktikanten/Studenten aus dem süddeutschen Raum und auch Fritz steht in dieser Zeit immer mit Rat und Tat zur Seite, macht Ausflüge mit ihnen und zeigt ihnen die nahe Umgebung von Swakopmund, sodass sich viele Freundschaften über die Jahre entwickeln. Leider weiß die Leitung der Grundschule dieses Engagement nicht zu schätzen, lässt die Praktikanten immer wieder buchstäblich im Regen stehen, sodass diese Form der Betreuung immer weniger wird und dann komplett einschläft.

So richtig zur Ruhe kommt Fritz aber auch nicht, da ihm immer wieder Aufgaben zugetragen werden, die er dann auch zur Zufriedenheit seiner Gattin gerne ausführt.

Große Freude bereiten Fritz und Evelin die beiden Enkelkinder (Töchter des ersten Sohnes: stud. Informatiker Wilko), die leider jedoch in der weit entfernten Hauptstadt Estlands Tallinn leben. Die beiden Enkelkinder und auch Sohn Wilko mit Frau sehen sie viel zu selten. Zum Glück gibt es ja das Internet, sodass man sich zumindest auf dem Smartphone regelmäßig sehen kann.

Auch zu selten sehen die beiden ihren jüngeren Sohn Stephan, der in Südafrika Tourismus studiert hat und seitdem auf amerikanischen Luxusschiffen auf den Weltmeeren zuhause ist und nun durch den Kauf einer Wohnung in Andorra etwas sesshafter geworden ist.

Noch immer haben die Nienhaus´ Kontakt in die ehemalige deutsche Heimat. Zu Verwandten aus Celle und Hannover haben die beiden nur noch wenig Kontakt, zu Fritz´ Verwandtschaft nach Bocholt wird der Kontakt noch immer gepflegt. In unregelmäßigen Abständen besuchen sich die weit entfernt lebenden Familien und freuen sich immer wieder, wenn es Neuigkeiten aus Namibia ins Münsterland schaffen bzw. wenn es Neuigkeiten aus Bocholt für die Swakopmunder gibt.

Auch wenn Fritz sehr gerne deutsche Schlager im Radio hört, kann man ihn nicht mehr davon überzeugen, im Männergesangverein Swakopmund mitzusingen.

Foto: Evelin (2. von rechts) **und Fritz Nienhaus** (1. von rechts) mit Freunden aus Deutschland.

Gaby Ahrens: Von der Amateursportlerin zur dreifachen Olympiateilnehmerin

Gaby Ahrens wird in Windhoek geboren und besucht dort auch die Schule.

Ihre Kindheit verbringt sie am Spielfeldrand verschiedener Fußballplätze – Gabys Vater Hasso ist der erste Fußballprofi, der vor der Unabhängigkeit aus Südwestafrika nach Südafrika geht und dort beim Hellenic F.C. in Kapstadt spielt. Treibt sich Gaby mal nicht am Spielfeldrand rum, trifft man sie oft am Schießstand, wo ihr Großvater und auch ihr Bruder aktiv sind. Ihre Großmütter sind große Tennisspielerinnen, eine durchweg sportliche Familie.

Gaby zieht es, wie ihren Vater, nach Kapstadt: Sie macht in der Hafenstadt des Nachbarlandes ihre Ausbildung im Bereich Marketing Management.

Erst im jungen Erwachsenenalter gelangt Gaby über Umwege erst spät zum Schießsport. Auf der Suche nach einem relativ familienfreundlichen Sport geht Gaby mit ihrem Vater und Bruder auf die Schießbahn und probiert sich dort erstmal aus. Sofort ist zu erkennen, dass sie großes Talent hat.

Durch die Teilnahme an verschiedenen nationalen Wettbewerben ist Gaby über viele Jahre die Nummer 1 auf dem Afrikanischen Kontinent im Trap Schießen und gewinnt während der Zeit mehrere namibische, südafrikanische und angolanische nationale Titel. Durch die Siege bei den Afrika Meisterschaften löst sie die Tickets für die Olympischen Spiele, an denen sie gleich dreimal in Folge teilnimmt. Im Jahre 2008 vertritt sie Namibia in Peking, 2012 in London und 2016 in Rio de Janeiro.

Eine sehr große Ehre wird Gaby zuteil, als sie 2012 in London die Namibia-Fahne ins Stadion tragen darf und das zudem als erste Frau Namibias. Ihre erfolgreichste Olympiateilnahme ist 2016 in

Rio de Janeiro, wo sie den 9. Platz belegt und nur eine Scheibe vom Finale entfernt ist.

Aber es gibt nicht nur Olympia in Gabys Leben: 2010 wird sie zu Namibias Sportlerin des Jahres gewählt und hochmotiviert gewinnt sie im selben Jahr die Bronzemedaille bei den Commonwealth-Spielen in Delhi.

Auch wenn Gaby in ihrem Sport sehr erfolgreich ist, kann sie von den Erfolgen und Preisgeldern nicht leben. Einige nationale und auch internationale Sponsoren unterstützen sie. Das reicht jedoch nicht aus, ihren Sport auf dem Niveau, wie Gaby es lange Jahre macht, zu betreiben. Gaby arbeitet seit mittlerweile 20 Jahren als Geschäftsführerin im Familienunternehmen, das ihr Vater vor 42 Jahren aufgebaut hat, und welches Gaby heute gemeinsam mit ihrem Mann leitet. Mit ihren rund 15 Angestellten verkaufen sie Schattennetze in Namibia und auch Angola.

Im Gegensatz zu den Konkurrentinnen bei den internationalen Wettkämpfen, kann sich Gaby nicht ausschließlich auf den Schießsport konzentrieren, sondern muss ihre Trainingseinheiten in die Mittagspause schieben und nach Feierabend absolvieren. Zusätzlich unterstützen ihre Eltern die sportlichen Aktivitäten Gabys finanziell. Nach erfolgreicher Qualifikation für die Olypischen Spiele übernimmt das Nationale Olympische Kommittee die Unterstützung bei der Vorbereitung.

Es muss nicht immer Olypia sein, auch die kleineren nationalen Wettbewerbe haben ihren Charme. In Namibia steht sie mitten im Busch, ganz relaxed und schießt gemeinsam mit Menschen, die sie kennt und mit denen die Schützin befreundet ist. Ab und zu kommen Paviane oder Oryxantilopen als Zuschauer dazu, die, wenn sie die Veranstaltung stören, auch mal weggescheucht werden müssen.

Bei den Olympischen Spielen ist das alles natürlich ein ganz anderes Gefühl. Der externe Druck, der da auf den Schultern der Athletin lastet, ist um ein Vielfaches größer. Die Medien und die tausenden Zuschauer bauen einen so großen Druck auf, dass man sich daran erstmal gewöhnen muss.

Gewöhnen muss sich die sehr zielstrebige Olympionikin nach der sportlichen Karriere erstmal an die viele Zeit, die sie nun hat, wo der Sport eine nicht mehr so große Rolle in ihrem Leben spielt. Sie muss sich neu erfinden und lernen, sich auf andere Dinge neu zu konzentrieren. Hilfreich ist, dass Gaby während ihrer gesamten Karriere ihre beruflichen Fähigkeiten nicht vernachlässigt hat und den Spagat zwischen Leistungssport und Beruf zu vereinen weiß. Ihr Job gibt ihr während der Übergangzeit große Stabilität und Halt.

Nicht nur Gaby hat dem Sport und dem Land während ihrer aktiven Karriere viel gegeben. Ihre Eigenschaften, die sie durch den Sport gelernt hat, helfen ihr heute sehr viel im Berufsleben: Belastbarkeit, Disziplin, Effizienz und besonders der Fokus auf das Wesentliche spielen eine wichtige Rolle.

Rückblickend war es immer Gabys Ziel, internationale Medaillen zu gewinnen und auf höchstem Sportniveau, den Olympischen Spielen, anzutreten. Das ist ihr dreimal gelungen, was sie sehr erfüllt und stolz auf die erreichten Ziele macht. Zudem kann sie auf ihre Entschlossenheit, nicht aufzugeben, auch wenn es schwierig war, stolz sein und vorallem darauf, durch den Sport zu einem weltoffenenen Mensch herangewachsen zu sein.

Neben der Familie und ihrem Beruf hat Gaby noch einige Posten im sportlichen Bereich. Ehrenamtlich arbeitet sie beim Namibischen Nationalen Olympischen Komitee NNOC, bei der Vereinigung des Nationalen Olympischen Komitees Afrikas ANOCA und der Welt-Anti-Doping-Agentur WADA. Dies ist ihre Art, dem Sport zurrückzugeben, was der Sport ihr gegeben hat.

Ihr ist wichtig, ein optimales Unterstützungssystem für Athleten im Wettkampf zu finden, vor allem für Sportler, die aus Ländern kommen, wo der Athlet sehr auf sich selbst gestellt ist und nicht die Unterstützung eines reichen Staates hat.

Das NNOC zielt darauf ab, die olympische Bewegung in Namibia zu entwickeln, zu fördern und zu schützen und die Teilnahme Namibias an den Olympischen Spielen und den Commonwealth-Spielen zu bewirken.

Das NNOC unterstützt die Entwicklung des Sports in Namibia sowohl bei hohen Leistungen als auch bei der Förderung der sportlichen Teilnahme und des Sports für alle Namibier.

Meine Aufgabe als NNOC Vizepräsidentin ist es, die Position des Präsidenten in seiner Abwesenheit bei allen offiziellen Anlässen zu vertreten.darüber hinaus ist die Vizepräsidentin Teil des Verwaltungsausschusses, der die Ausführung der täglichen Geschäfte und Aktivitäten überwacht.

Bei der Antidopingagentur WADA ist Gaby ein Mitglied des WADA Athletenrates und vertritt, unterstützt und fördert die Stimmen der Athleten in Anti-Doping-Angelegenheiten weltweit. Doping im Sport greift nicht nur die Integrität und Fairness des Sports an, sondern zerstört auch das Leben und die Karrieren von Athleten.

Als Afrika Liaison zu der IOC Athleten Kommission ist es ihre Aufgabe, die Interessen afrikanischer Athleten zu vertreten und sicherzustellen, dass ihre Stimme zum Ausdruck gebracht, artikuliert und von den damit verbundenen Entscheidungsgremien wie der ANOCA & IOC berücksichtigt wird.

Ihre Schießfähigkeiten könnte Gaby ja auch im Freizeitbereich bei der Jagd auf der Farm nutzen, das hat sie jedoch nur wenige Male ausprobiert. Obwohl sie die Jagdtradition, die Pirsch und die Jagdgeschichten am Lagerfeuer sehr mag, liegen ihr die Tiere aber zu sehr am Herzen, sodass es bei den wenigen Malen bleiben wird.

Auch wenn Gaby bedauernswerterweise keinen Kontakt mehr nach Deutschland hat, spricht sie zuhause die Deutsche Sprache, ihre Tochter besucht einen Deutschen Kindergarten und auch kulturelle Aktivitäten genießt sie, wie z.B. den Besuch des

Windhoeker Karnevals und das Oktoberfest, das sie traditionell im Dirndl und ihr Mann in Lederhose besucht.

Foto: Gaby Ahrens

Gerald Heiser: Der sympathische Bauer aus dem TV

Geralds Uropa ist bereits in Namibia geboren, sodass Gerald in 4. Generation in Namibia lebt. Seine Vorfahren stammen ursprünglich aus der Gegend um Dresden.

Gerald lebt jetzt zwei Autostunden östlich von Windhoek entfernt. Gemeinsam mit seiner Frau Anna bewirtschaftet er eine Farm.

Gerald wird in Windhoek geboren. Mit dem Eintritt in die Schule besucht er zuerst die Deutsche Höhere Privatschule Windhoek und wechselt nach drei Jahren auf die Deutsche Schule Windhoek. Nach der siebten Klasse wechselt er wiederum die Schule und besucht dann eine afrikaanse Technische Schule bis zur 12. Klasse. Nach der Schule geht er dann erst einmal nach Südafrika, wohin die meisten seiner Freunde zu der Zeit gehen, nur wenige zieht es zu der Zeit nach Deutschland. In Südafrika erlernt er dann den Beruf des Erdbewegungsmaschinenmechanikers bei einem der weltweit besten Herstellern von Baufahrzeugen und kann fortan Minenfahrzeuge, Schaufelbagger und riesige Lastkraftwagen warten und reparieren.

Im täglichen Farmleben kommt ihm das in Südafrika Erlernte zugute, sodass er die Traktoren und andere Maschinen auf der Farm reparieren kann.

Bevor Gerald die Farm von seinem Vater, der übrigens dieselbe Ausbildung nach der Schule gamacht hat wie sein Sohn, übernommen hat, sind 13 Traktoren, 5 LKW und viele andere Maschinen auf der Farm. Ohne das Knowhow der beiden Heisers ist eine Instandhaltung der Maschinen gar nicht möglich, doch Gerald entschließt sich nach der Farmübernahme, den Fuhrpark etwas zu reduzieren.

Nach vielen Jahren des Überlegens, übernimmt bzw. kauft Gerald die Farm von seinem Vater. Sein Vater zieht dann auf eine andere Farm, die noch in seinem Besitz ist und Gerald bewirtschaftet seine

Farm gemeinsam mit seiner Frau Anna, einige Farmarbeiter helfen den beiden.

Immer wieder tauschen sich Vater und Sohn über die Farmerei aus, geben sich Tipps und diskutieren gleiche, ähnliche und unterschiedliche Meinungen.

Ist die junge Heiser Familie mal auf Reisen, sei es in Walfischbay bei Geralds Verwandten oder in Polen bei der Familie seiner Frau Anna, übernimmt Geralds Vater kurzfristig wieder das Kommando auf der Farm und hilft gerne aus.

Die Hoffnung und gleichzeitig Sorge eines jeden Farmers in Namibia begleitet auch Gerald, egal wo er gerade ist: Wann wird es auf der Farm regnen?! Durchschnittlich fallen in der Region bis zu 300mm Niederschlag im Jahr, bisher kam jedoch noch nicht viel runter und die mögliche Regenzeit neigt sich langsam dem Ende. Dies ist bereits das zweite Jahr, in dem es niederschlagstechnisch nicht gut aussieht - eine schwere Zeit für den Farmer.

Als zusätzliche Einnahmequelle eröffnet Gerald im Jahre 2018 einen kleinen Campingplatz. Anfänglich ist die Resonanz recht gut, durch die Coronapandemie schläft der Tourismus in der Region, in der Geralds Farm ansässig ist und in der sich um Umkreis von knapp 100km keine großen touristischen Attrakton befinden, jedoch komplett ein.

Da sich aktuell nicht genug Touristen in die Region verirren, ist die Aufrechterhaltung des Campingplatzes nicht wirtschaftlich, sodass eine Buchung für einzelne Personen zur Zeit nicht möglich ist.

Einige Touristen, die das sympathische Paar aus dem Fernsehen mal live erleben wollten, haben sich bei den Heisers eingebucht und freuten sich über lange Gespräche. Die Farmarbeit bleibt dabei jedoch liegen und da die Kosten für die Campingplatznutzung recht gering sind, müssen aus wirtschaftlichen Gründe diese Aktivitäten eingeschränkt werden.

Erfreut ist Gerald darüber, dass er in Namibia noch immer genau so gesehen wird wie vor der TV Produktion - er erhält weder einen Extrarabatt oder gar einen Promibonus. Direkte Vorteile durch den Bekanntheitsgrad erleben Gerald und seine Frau in Namibia nicht, die die TV-Produktionen gerne mitmachen, sie sollen aber zukünftig nicht ihr Leben bestimmen oder zu ihrem Lebensinhalt werden. In den touristischen Orten wie Swakopmund wird Gerald dann doch schon mal von Touristen erkannt, lässt dann gerne ein Foto mit sich machen. Bei seinen Besuchen in Deutschland läuft das anders ab: Dort wird er ständig angesprochen und belagert, sodass ein entspanntes Schlendern durch eine größere Stadt gar nicht stressfrei möglich ist. Die Leute sind nie respektlos oder unfreundlich. Ständig anzuhalten und sich fotografieren zu lassen, ist auf Dauer dann schon anstrengend, da man als Farmer die deutschen Menschenmassen gar nicht gewohnt ist.

Für Urlaub in der Heimat seiner Vorfahren bleibt nur noch sehr wenig Zeit.Wenn die Heiser Familie sich mal von der Farm losreißen kann, dann meistens zu Weihnachten, um die Familie seiner Frau Anna in Polen zu besuchen.

An deutschen Festivitäten nimmt das Paar auch gerne teil. Von 2020 bis 2022 ist Gerald, der entspannte Farmer sogar Prinz beim Osten Karneval OSKA in Witvlei. Auch am Oktoberfest, vom Sportklub Windhoek organisiert, nimmt das Farmerehepaar gerne teil.

Foto: Gerald Heiser

Weltrekordhalter im Wüstenskifahren: Henrik May

Henrik May wird 1976 in Suhl/Thüringen, im Gebiet der ehemaligen DDR geboren und wächst im bekannten Skisportort Zella-Mehlis auf. Von der Skischanze kann Henrik schon in den 30-40km entfernten Westen sehen.

Im Alter von 6 Jahren beginnt für ihn die bis ins kleinste Detail ausgeklügelte Ausbildung zum Profisportler. Zu der Zeit gibt es nur zwei Möglichkeiten für die Jugend: entweder wird man politisch aktiv oder macht Sport. Henrik entscheidet sich für den Sport und verbindet auf diese Weise das Nützliche mit der Freude. An mathematischen Schulwettbewerben nimmt Henrik mehrmals teil, seine sportliche Ausbildung und Karriere nimmt dann aber immer mehr Zeit und Raum ein, sodass er sich nur noch auf den Sport konzentrieren kann. Täglich wird trainiert. In der Schule versucht Henrik schon vormittags einen Teil der Hausaufgaben zu erledigen, damit er nach dem Sport nicht zu lange damit zu tun hat. Henrik entscheidet sich für die Nordische Kombination, einer Wintersportart, die die beiden Einzeldisziplinen Skispringen und Skilanglauf kombiniert. Aber auch alpines Skifahren, Leichtathletik und Turnen trainiert er.

Die Kinder trainieren alle verschiedenen Sportarten aus einem speziellen Bereich - im Fall Henriks, werden alle Sportarten aus dem Bereich Wintersport trainiert: Rodeln, Skispringen und Slalom sind nur einige, die den jungen Nachwuchssportlern nähergebracht werden. Eine spezielle Festlegung auf eine Sportart wird nach hinten verlagert, sodass die Kinder eine solide sportliche Förderung genießen. Sacken die schulischen Leistungen ab, werden die sportlichen Aktivitäten wieder etwas in den Hintergrund gerückt.

Henriks Tagesablauf ist auf die Minute genau getaktet und vom System vorgegeben: Ruhephasen, Essensaufnahme und Schulaufgaben werden für ihn geplant. Die Trainingsanlagen in den Achtziger Jahren sind vergleichbar mit den Anlagen der heutigen Zeit im Westen –nur die Athleten, die auch Leistung bringen, dürfen in diesen Anlagen trainieren. Henrik begeistert es noch heute, wie die Leute in der ehemaligen DDR zusammengehalten haben. Sind die Leistungen eines Sportlers eine Zeit lang nicht so gut, kürzt man nicht seine Bezüge, sondern alle Sportler erhalten dauerhaft das gleiche Gehalt- vom verletzten Sportler bis zum siegreichen Athleten. Ist erkennbar, dass dem Athleten eine Sportart vielleicht doch nicht so liegt, lässt man ihn in eine andere Sportart wechseln. Da wird dann mal aus einem erfolglosen Skispringer ein erfolgreicher Bobfahrer, da dieser aus der anderen Wintersportart kommend keine Angst vor der Geschwindigkeit hat. Zweimal im Monat wird jeder Sportler zum Arzt zitiert. Dieser trägt körperliche Stärken und Schwächen in ein kleines Heftchen ein und legt fest, welche Muskelpartien gekräftigt und welche Bereiche gedehnt werden müssen. Dieses Heftchen muss dann dem Trainer vorgelegt werden, der daraufhin individuelle Trainingspläne erstellt. Schwere Verletzungen können aufgrund der perfekten Planung und Vorbereitung vermieden werden. Im DDR Sport geht es nicht ausschließlich um die sportlichen Bestleistungen, sondern auch um die Stärkung der Gesellschaft. Professionalität und Zusammenhalt sind Werte, für die sich Henrik noch heute begeistern kann und was er sich mehr für die heutige Gesellschaft wünscht.

Auf dem sportlichen Höhepunkt angekommen, bricht das große Chaos über den taletierten Wintersportler ein: die Wende.

Henrik wechselt vom Leistungssport der DDR zu einer Sondereinheit der Polizei, gleichzeitig einer Sportgruppe der Landespolizei im wiedervereinten Deutschland. Ihm fehlt es dort jedoch an Wertschätzung, für eine so aufopferungsvolle Tätigkeit, wenn er mit seinen Kollegen Atommülllagerstädten in Gorleben, Chaostage und Fußballspiele absichert und Gebäude aus dem Millieu ausräumt.

Als er realisiert, in welche Richtung sich die beiden wiedervereinigten Länder entwickeln, ist er tief enttäuscht von dem ungenutzten Potential beider Länder, erschrocken von der

Kriminalität, die ihm im Job tagtäglich begegnet und er so aus der DDR nicht kennt. Seine Entscheidung, das Land zu verlassen, fällt ihm dann nicht mehr schwer.

1996 sieht Henrik mit seinen Eltern im Bayrischen Rundfunk eine Sendung über Namibia, die die Familie sofort begeistert. Da es das Internet und Suchmaschinen noch nicht gibt, liefert der Sender den Thüringern die Kontaktdaten der Familie, über die im TV-Beitrag berichtet wird. Die Familie aus Namibia lädt Henrik ein, dieser bricht spontan alle Segel bei der Polizeieinheit ab und fliegt in den Südwesten Afrikas. Die Entscheidung führt in seiner Einheit zu großer Unruhe, für ihn ist es jedoch die richtige Entscheidung.

Gemeinsam mit seinen Eltern baut er das Feriencamp Sophia Dale am Swakop River an der Küste Namibias auf. Ein Camp, mit Campingplatz, Bungalows inkl. Frühstück, einer kleinen Bar usw.

Zu einem lebensverändernden Ereignis kommt es, als ihm Reisende ein paar Ski dalassen. Ein gefundenes Fressen für den ausgebildeten Skisportler und Tüftler, der schon immer versucht hat, sein Material weiterzuentwickeln. Vor der eigentlichen Erfindung des Snowboards baut sich Henrik zu DDR Zeiten eine Bindung auf ein Holzbrett und versucht damit ein Skateboard für den Schnee zu entwickeln –erst später wird diese Idee von anderen professionell umgesetzt. In der DDR muss man einfallsreich sein, um auf seine Kosten zu kommen, ohne viel zu haben.

Im Jahre 2009 muss die Familie das Camp verlassen. Nach dem tragischen Tod des Vaters, schafft Henrik es nicht mehr, allein mit seiner Mutter die Anlage zu bewirtschaften. Mögliche Investoren oder Miteigentümer sucht man vergeblich, sodass sich Henrik und seine Mutter vom Camp trennen.

Dadurch dass das Skifahren in der Wüste ständig aktueller wird und Henrik seiner Leidenschaft immer mehr nachgehen kann, fällt ihm die Trennung vom Camp nicht so schwer.

Er organisiert fast allein eine extreme Wüstendurchquerung. In Walvisbay beginnend, über Conception Bay geht es nach Sossusvlei. Täglich werden die Dünen 20-30m höher, so dass am Ende Dünen mit einer Höhe von 200m überwunden werden müssen. Die Temperaturen steigen auf nahezu 50 Grad Celsius. Da das begleitende Kamerateam zurückfliegen muss, wird das extreme Abenteuer für Henrik zu früh abgebrochen. Aber fünf Tage außerhalb der Zivilisation sind für ihn schon respektabel. Sein nächstes Abenteuer ist schon wieder in Planung.

Ganz überraschend kommt für Henrik ein Anruf aus Saudi Arabien. Er wird eingeladen, stellt den Menschen dort das Skifahren in der Wüste vor, erklärt Materialbesonderheiten und erlebt ein riesengroßes Abenteuer wie im Märchen. Die Leute sind trotz des weltweiten Terrors, Corona usw. extrem begeisterungsfähig und bilden nach Henriks Aufenthalt den Olympischen Skisportverband Saudi Arabiens.

Henrik wird später erneut eingeladen und weist einen Sportler in die Kunst des Riesenslalomfahrens ein, sodass dieser nach vielen Konversationen über moderne Medien mit Henrik sogar an den Olympischen Spielen teilnimmt. Für vordere Platzierungen reicht es für den Neuling nicht, da dieser sich an die Bedingungen auf Kunstschnee erstmal gewöhnen muss.

Für die Zukunft ist es Henriks Taum, dass er eine Behörde findet, die auch wie er für den Wüstenskisport brennt und sein Projekt „Wüstenskifahren" sehr bekannt werden lässt.

Foto: Christian Stiebahl

Herbert Schier: Der singende Gerber aus Swakopmund

Herbert wächst in der Hafenstadt Swakopmund auf, die von der Regierung zur Schulstadt gemacht werden soll. Da es vielerorts im Inland sehr heiß und dies für das Lernen nicht sonderlich förderlich ist, versucht man aus der kälteren Küstenstadt einen Schulstandort zu machen. Auf alten Schwarzweiß-Fotos kann man gut erkennen, welch große Menschenmassen sich vor den Schülerheimen und Schulen tummeln.

Herbert Schier wird 1950 geboren, geht in Swakopmund zur Schule. Zu dieser Zeit wird auch an den Regierungsschulen bis zur 8. Klasse in Deutsch unterrichtet. Danach muss man sich entscheiden, ob man am Unterricht fortan in Englisch oder Afrikaans teilnehmen möchte.

1968 wird Herbert Schier verpflichtet, für ein Jahr den Wehrdienst beim Südafrikanischen Militär zu absolvieren. 1970 kommt er zurück, sein Vater betreibt zu dieser Zeit bereits die Gerberei am Ende der Stadt Swakopmund. Zu dieser Zeit ist in dem Teil der Stadt noch nicht so viel los, später entwickelt sich die Stadt immer weiter Richtung Osten.

Für Schier liegt es auf der Hand, in die Fußstapfen seines Vaters zu treten und eine Ausbildung im selben Berufsbereich zu erlernen.

Im Januar 1972 begibt er sich auf große Reise in die weite Welt. Mit der Lloyd Triestino befindet sich Herbert Schier das erste Mal außer Lande. Das Schiff bringt ihn zur italienischen Hafenstadt Triest. Viele neue Dinge lernt der 22-Jährige auf der dreiwöchigen Seereise kennen. An Bord kennt man keine Apartheid, die auf dem südwestafrikanischen Festland durch die Verbindung zu Südafrika schon vorherrschend ist. Plötzlich sitzt der abenteuerlustige Schier am Tisch mit malaischen jungen Frauen aus Südafrika. Schick gekleidet mit weißem Hemd und Schlips nimmt er statt geschmierter Brote auch abends in feinem Zwirn warmes Essen zu sich, was im deutschorientierten Swakopmund nicht üblich ist. Um die Leute an Bord bei Laune zu halten, wird regelmäßig Rotwein ausgeschenkt und zu späterer Stunde ein Tanzabend zu Schlagermusik organisiert. Auch Filmvorführungen gibt es auf der Reise. Damit die Passagiere an ihrem Platz sitzen bleiben können, spannt die Crew Taue, an denen sich die Zuschauer festhalten können, um aufgrund des Wellengangs nicht quer über Deck zu rutschen.

Nach Ankunft landet Schier erstmal in der Königinnenstraße in München bei entfernten Verwandten und hat dort die Möglichkeit, sich an die neue Umgebung und an das für ihn neue Klima zu gewöhnen. Besonders beeindruckend empfindet der junge Mann die Olympischen Spiele, die zu dieser Zeit in München stattfinden und wo er sich einige Wettkämpfe anschauen kann.

In neuer Umgebung aklimatisiert, beginnt Herbert im Baden-Württembergischen Reutlingen seine Ausbildung an der Gerbereischule. Dort schließt er Mitte ´74 seine Lehrzeit mit dem Abschluss des Ledertechnikers ab. Nahe des Gerberbrunnens in Reutlingen wurde in der „Harmonie" der Abschluss der Ausbildung gefeiert, aber auch schon oft zuvor hatte der Lehrling aus Südwest an diesem Ort mit Studenten Bierzipfel getrunken und ausgiebig gefeiert. Schier erfreut es, dass die Gerberschule von Lehrlingen aus aller Welt besucht wird. Kontakte knüpft er mit anderen Lehrlingen aus Irland, Dänemark, Schweden, Schweiz, Österreich, Australien und aus Israel.

Schier genießt es, dass er, anders als seine Schulfreunde nicht nach Südafrika reist, um sich dort ausbilden zu lassen, sondern den weiten Weg nach Europa machen kann.

Mehr als 4 Jahrzehnte führt er sein Geschäft. Für ihn ist es schon während seiner Zeit als Geschäftsmann wichtig, für Jedermann erschwingliche Schuhe anbieten zu können.

Anfänglich werden die Felle noch selbst gegerbt, da dieser Vorgang nicht ohne Gestank durchzuführen und die Stadt immer näher an

Schiers Tannery gekommen ist, entscheidet sich der gelernte Ledertechniker 2004 seinen Betrieb zu schließen, um im Industriegebiet Swakopmunds einen etwas kleineren neuen Laden zu öffnen. Dort gerbt Schier keine Felle mehr, sondern spezialisert sich nun ausschließlich auf die Produktion von Schuhen und bezieht fortan seine Felle aus der Hauptstadt Windhoek. Das für Farmer nicht sonderlich günstig gelegene Küstenstädtchen Swakopmund bringt es mit sich, dass Schier teilweise große Schwierigkeiten hat, an eine ausreichende Zahl an Kuduhäuten für seine Schuhe zu kommen. In Spitzenzeiten produziert der Swakopmunder 70 bis 80 Paar Vellies, die im ganzen Land überaus beliebten Kuduledeschuhe, pro Tag. Für die Produktion der Schuhe, die von den Buren entwickelt wurden und die aus einer Vorderkappe, einer Hinterkappe und links und rechts drei Ösen bestehen, benötigt Schier: Arbeitskräfte und Leder, die er im eigenen Land findet. Zusätzliche Bestandteile der Schuhe, wie z.B. Nieten, Sohlen usw. importiert er aus Südafrika.

In den sechziger Jahren heuert ein Baster aus Rehoboth namens Beukes bei Schiers Vater an. Wie viele Baster ist Beukes ein talentierter Handwerker und überzeugt Schiers Vater von seinem Schuhmodell, von dem er anfänglich bis zu 10 Paare am Tag produziert. Schiers Vater baute seiner Fachkraft im Innenhof ein kleines Häuschen, in dem Beukes fortan lebte. Anfänglich verwendet man alte Autoreifen als Sohle, später bezieht man Gummisohlen aus Südafrika.

Vorausplanung ist extrem wichtig, um in diesem Beruf erfolgreich zu sein und bleiben zu können. Fällt in Swakopmund mal der Strom aus, weiß sich Schier zu helfen und produziert Sandalen, die während der Produktion nicht auf Maschinenhilfe angewiesen sind.

1980 verstirbt Herbert Schiers Vater, der bis dahin den Betrieb führt und von nun an übernimmt sein Sohn Herbert den Betrieb.

2022 verkauft er sein Geschäft an zwei Männer aus Swakopmund. Alle seine Angestellten werden von den neuen Besitzern übernommen und erhalten von Schier noch eine gute Abfindung. Die neuen Besitzer planen eine Vermarktung auch über das Internet und möchten sich nicht allein dem namibianischen Markt und den Touristen zufriedengeben. Aufgrund der Schwierigkeiten mit dem Überseeversand wird das kein leichtes Unterfangen. Weiterhin werden die Nachfolger auch Reparaturarbeiten, die an den langlebigen Schuhen doch mal auftreten können, durchführen.

Auch im Rentenalter wird es bei Herbert Schier nicht langweilig. Da er noch immer im Besitz zahlreicher Artefakte seiner beruflichen Schaffenszeit ist, möchte er zukünftig an der Küste ein kleines Ledermuseum errichten und noch kleinere Lederreparaturen durchführen. Sicherlich findet sich dort noch ein Plätzchen für Andenken seines geliebten Männergesangvereins. Des Weiteren kümmert er sich um kulturelle Angebote im Ort und betreut mit der ehemaligen Lehrerin der Namib-Primary-School Antje Kühlwetter einen Flügel.

Herberts Leidenschaft ist und bleibt die Musik: 1974 wird er vom damaligen Chorleiter zum Männergesangsverein Swakopmund eingeladen, der Herberts Gesangtalent entdeckt. Zu dieser Zeit hat der Verein keine Nachwuchssorgen, heutzutage ist das Anwerben neuer Sänger nicht ganz einfach. Viele junge Väter sind familiär eingebunden oder müssen viel arbeiten, um den Besuch der Privatschule finanzieren zu können. Herbert hat in seiner nahezu 50-jährigen Mitgliedschaft verschiedene Posten inne. Nach ca. 30 Jahren übernimmt er den Posten des Vorsitzenden, heute ist er noch immer im Vorstand tätig.

Mit Begeisterung berichtet der Sänger von Konzerten, die im ganzen Land stattfinden und sogar auch in Europa. Aber nicht nur der musikalische Handwerker ist begeistert, auch die zahlreichen Zuhörer, die das vielfältige Programm und die verschiedenen Mottos zu schätzen wissen und zahlreich die Konzerte besuchen.

Bedauerlich ist es, dass die Deutsche Kultur nicht so viel gefördert und gepflegt wird, wie Schier es gerne hätte und dass zu wenige deutsche Theaterstücke initiiert werden. Auch andere Musikrichtungen wie z.B. das Blasorchester finden zu wenig Anklang.

Foto: Herbert Schier

Ingo Waldschmidt: Der erfolgreiche Rallyefahrer auf zwei Rädern

Ingos Eltern wandern nach dem Zweiten Weltkrieg in den 1940er Jahren aus Ostdeutschland nach Namibia aus. Erst bauen sie Gemüse an, wechseln dann ihr Geschäftsmodell und beginnen 1959 mit der Hühnerhaltung.

In Windhoek wird dann ihr zweiter Sohn Ingo geboren, der auf der elterlichen Farm aufwächst und verschiedene Schulen in Windhoek besucht.

Mit gerade mal 7 Jahren sitzt der Grundschüler zum ersten Mal auf einem Motorrad. Gemeinsam mit seinem Bruder packt ihn das Motorsportfieber. Anfänglich setzt sich Ingo für die Instandsetzung und den Erhalt der bestehenden Moto-Cross-Bahn in der Umgebung ein. Da ihm das Aufladen des Treckers auf einen LKW und das damit ständige Hin- und Herfahren zur Bahn auf Dauer zu aufwändig wird, beschließt er, einen eigenen Parcours auf dem Farmgelände zu bauen - so entsteht die Gallina Rennstrecke.

Anfänglich fährt Ingo Moto-Cross, während eines 2-jährigen Aufenthalts in Kapstadt und einem großzügigen Sponsors fährt Ingo parallel zum Studium recht erfolgreich in einer Südafrikanischen Meisterschaft. Während dieser Zeit wird er Champion in der 125ccm Klasse.

1992 folgt dann ein schwerer Einschnitt in seiner jungen und erfolgreichen Karriere - Ingo bricht sich kompliziert das rechte Handgelenk und muss ein Jahr lang pausieren. Ein halbes Duzent Operationen über Jahre hinweg und langwieriges Schonen der Hand folgen. Die Ärzte machen ihm keine Hoffnung, wieder einmal auf ein Motorrad steigen zu können und schon gar nicht an Wettkämpfen teilzunehmen.

Nach der Rückkehr aus Südafrika und bevor Ingo im Familienunternehmen einsteigen soll, empfehlen ihm die Eltern, noch einmal etwas von der „großen, weiten Welt" zu sehen und so gelangt Ingo über einen Bekannten nach München, wo er 3 Jahre lang im Biergarten arbeitet. Seine zukünftige Frau überzeugt er mitzukommen und gemeinsam arbeiten sie in der Münchner Gastronomie. Seine Frau weitet ihre Tätigkeit dort aus und arbeitet in den folgenden Jahren insgesamt 23mal auf dem Oktoberfest, für das sie extra eingeflogen wird. Durch die günstigen Euro/Namibia Dollar-Wechselkurse ist die Arbeit in Bayern sehr lukrativ für das Paar.

Mit dem Ersparnissen aus der „Münchner Zeit" kauft sich Ingo seine KTM Motorrad für die Dakar Rallye.

Nach der Zeit in Deutschland beginnt Ingo bei seinem Bruder im Familienunternehmen „Waldschmidt Eggs" zu arbeiten. Zusätzlich vermietet er seit einigen Jahren Container für die Aufbewahrung der verschiedensten Dinge.

Es juckt Ingo nach wie vor in den Fingern und er will unbedingt wieder aufs Motorrad steigen. Trotz der -für einen Sportler- erschütternden Diagnose und großer Schmerzen lässt sich Ingo nicht in die Knie zwingen und testet verschiedene Gelenkschützer. Trotz einer Beweglichkeit von nur noch 30% im Handgelenk schafft er es, wieder in der Motorradwelt Fuß zu fassen.

Der Windhoeker fährt immer mehr Enduro und in ihm wächst der Wunsch, einmal eine „richtige" Rallye zu fahren. Die Rallye Dakar ist da natürlich das Größte, jedoch weiß Ingo zu Beginn nicht, wie er das realisieren soll. Die finanziellen Hürden sind schon sehr hoch, nahezu unerreichbar.

Ingos Gesundheit kommt diesmal zugute, dass Rallye nicht so sehr auf die Gelenke geht wie Moto Cross oder Enduro. Für die Rallye ist nicht die körperliche Fitness aussschließlich ausschlaggebend, sondern auch die Fitness im Kopf. Während im Auto das Navigationssystem den Weg weist, muss man das während der

Rallye auf dem Motorrad selber organisieren. Das Rallyefahren alleine ist schon eine Herausforderung, dazu kommt das Navigieren und wenn man dann noch erfolgreich sein möchte, muss man das alles gemeinsam sehr schnell hinbekommen. In einem Wochenendseminar kann man das nicht hinbekommen, das erfordert viel Erfahrung und Disziplin.

Im Jahr 2008 ist Ingo zum ersten Mal bei der Dakar am Start. Nach einem Terroranschlag wird das ganze Rennen abgesagt und Ingo fliegt unverrichteter Dinge und total frustriert zurück nach Namibia.

Die Rallye wird nach Südamerika verlegt, verliert aber den Flair einer Afrika-Rallye, auch wenn die Landschaften und Wüsten beeindruckend für Ingo sind.

Im Vorfeld unterhält sich Ingo viel mit dem südafrikanischen Motorrad-Rallye-Profi Alfie Cox. Der gibt ihm den Tipp, sich einem professionellen Team anzuschließen. Ingo wendet sich an ein englisches Team. Anfänglich verspricht man ihm, einer von 3 Motorradfahrern zu sein - letztendlich sind es 5 Autos und 3 Motorradfaher. Da die zwei anderen Fahrer absagen, startet Ingo als einziger Motorradfahrer neben den 5 Autos im Team. Üblich ist, dass das Team einen Mechaniker für zwei Fahrer stellt. Statt einem erfahrenen Motorradmechaniker stellt man ihm einen Autoelektriker zur Seite, der zudem nicht richtig Englisch sprechen kann, sodass eine vernünftige Kommunikation und ein ordentlicher Austausch nahezu unmöglich ist. Nach Beschwerde beim Teammanager stellt man dem Dakar-Neuling den holländischen Mechaniker Jan an die Seite, der sein Handwerk versteht und eine Unterhaltung auf Afrikaans möglich ist. Ein kleines „super Team" innerhalb des großen Teams ist geboren. Seitdem begleitet Jan Ingo bei all seinen Dakar-Teilnahmen und beim African Eco Race und besucht ihn auch in Namibia außerhalb der Wettkämpfe. Ingo kann seinem Mechaniker zu 100% vertrauen, auch wenn ihm das anfänglich nicht leicht fällt. Schon immer hat sich Ingo selbst zu helfen gewusst und alles am Motorrad selbst repariert. Nun muss er seine Maschine in die Hände eines anderen geben. Vorteil davon ist, dass er sich dann um andere Dinge kümmern kann. Zuerst kontrolliert Ingo seinen neuen Mechaniker noch, nach einer Woche entspannt er sich etwas und weiß ihm zu vertrauen.

Nach der Zieleinfahrt der jeweiligen Tagesetappe bleibt nicht viel Zeit übrig. Ingo muss dann das Roadbook vorbereiten, kurz etwas essen, duschen und an der Vorbesprechung der nächsten Etappe teilnehmen. Um 23 Uhr ist der Tag dann geschafft, während der „Wahnsinn" am nächsten Morgen um 3 Uhr wieder startet. Das alles in Eigenregie zu schaffen und dann noch vorne mitzufahren, ist einfach nicht möglich.

Die ständige Anspannung und der wenige Schlaf machen den Fahrern spätestens nach einer Woche sehr zu schaffen und stressen extrem. Zusätzlich die ständigen Gedanken daran, dass man sich nicht verfahren darf, man nicht stürzen darf und das Motorrad halten muss. Ist man während der Fahrt mal nicht voll konzentriert, unterlaufen einem Fehler, die in dem Terrain fatale Folgen haben können. Erfahrungsgemäß scheiden nach ungefähr einer Woche die meisten Fahrer aus - nicht weil sie nicht gut Motorrad fahren können, sondern weil sie mental Schwierigkeiten haben und dann nicht mehr voll konzentriert sind und ihnen dann „dumme" Fehler unterlaufen.

Um die Sponsoren nicht zu enttäuschen, will Ingo nur eins: sicher ins Ziel kommen. Um dies zu erreichen, setzt er sich ein Sicherheitslimit: Fahre nie schneller als 100-120 km/h! Er verzichtet auf ca. 10 Plätze, lässt es „ruhiger" angehen und kommt so aber sicher als Finisher ins Ziel.

Kommt es igendwo auf der Strecke zu einem harten Sturz, melden Sensoren am Motorrad dies direkt an die Organisation, die umgehend einen Helikopter an die Unfallstelle senden. Der zuständige Arzt hilft dann und entscheidet, ob eine Weiterfahrt möglich ist. Zu tödlichen Zwischenfällen kommt es bei der Art von Rennen auch. Während einer Dakar Rallye, an der Ingo teilnahm, entfernte sich ein Fahrer vom beschädigten Motorrad, versuchte sich in der Wüste zu orientieren und fand nicht mehr zu seinem Motorrad zurück, das mit einem Satellitentelefon ausgestattet war und verdurstete in der Hitze.

Landschaftlich hat die Strecke viele Highlights zu bieten, die Fahrer müssen jedoch immer voll konzentriert sein, um die bis zu 9500km bewältigen zu können.

Die längste Etappe, die Ingo an einem Tag mit seinem Motorrad zurücklegte, umfasste 875km.

Ingo vertraut bei all seinen Rallyeteilnahmen dem österreichischen Motorradhersteller KTM. Der entscheidende Vorteil ist die Ersatzteilversorgung während der Rennen. Mit der Bezahlung von 2500€ hat jeder Amateurfahrer die Möglichkeit, jedes noch so kleine Ersatzteil während des Rennens umgehend zu beschaffen - vom kleinen O-Ring bis zum kompletten Motor kann man sich an dem noch so abgelegenen Ort Teile organisieren. Vor Ort zeigt man seine KTM-Kundenkarte und erhält umgehend das benötigte Teil. Nach Beendigung des Wettbewerbs erhält man dann die Rechnung nach Hause geschickt.

Andere Fahrer versuchen diesen kostspieligen Service zu umgehen und kaufen sich vorab gleich zwei Motorräder, zerlegen das Zweite in Kisten und suchen dann -im Bedarfsfall- stundenlang die benötigten Teile. Ärgerlich wird es dann, wenn die Rallye aufgrund einer fehlenden noch so kleinen Schraube nicht fortgesetzt werden kann.

Ingo finanziert seine Rallyeteilnahmen mithilfe von Sponsoren. Seine KTM für die erste Dakar Teilnahme muss er sich selber kaufen. Ein Jahr lang klappert er Sponsoren ab, um das Geld für Ausrüstung, Anreise und Teilnahme zu sammeln. Allein die Teilnahme an der Dakar kostet anfänglich knapp 700.000 Südafrikanische Rand, später dann knapp 1.000.000

Südafrikanische Rand. Viele Leute geben ihm das Gefühl, dass die Teilname eine Nummer zu groß für ihn sei. Das setzt ihn natürlich enorm unter Druck - Ingo kann die Kritiker eines Besseren belehren. Bei den nächsten Rallyeteilnahmen erleichtern die Erfolge das Sponsorensuchen sehr und er muss nur noch einen kleinen Teil des eigenen Geld dazusteuern. Ingo ist sich für nichts zu schade: Vor dem Supermarkt verkauft er Lose, auf Ausstellungen macht er Werbung für sein Ziel die Dakar Teilnahme und verkauft T-Shirts und Kappen mit dem Dakar Logo. Sein größter Verkaufsrenner sind jedoch Damenunterhosen, die er später – aufgrund der großen Nachfrage - sogar auf Bestellung verkauft und signieren muss. Die Namibianische Fluggesellschaft „Air Namibia" wirbt mit dem heimischen Motorradstar und befördert das Motorrad kostenlos nach Frankfurt. In Frankfurt nimmt Mechaniker Jan die Maschine dann in Empfang und kümmert sich um die Verschiffung nach Südamerika. Für den Transport lässt sich Ingo extra eine Transportkiste für die KTM anfertigen. Neben der Maschine finden noch zahlreiche Ölfilter, Kettenkits und kleinere Verschleißteile Platz. Motoröl gibt es während der Rallye durch Sponsoring kostenlos für die Fahrer - das macht sich bemerkbar, denn täglich wird das Öl im Motor gewechselt, jeden zweiten Tag gönnt Ingo seinem Zweirad einen neuen Ölfilter. Reifen erhält Ingo von einem Händler aus Namibia. Die sind schneller verschlissen als man denkt. Spätestens jeden zweiten Tag ist ein neuer Hinterreifen erforderlich. Andere Teile muss er selbst zahlen, da reicht auch die erfolgreiche Teilnahme in Südamerika nicht.

Gut organisiert plant Ingo die Servicearbeiten am Motorrad mit Mechaniker Jan, sodass die KTM keine Ermüdungserscheinungen zeigt und stets sicher ins Ziel kommt.

Durch seine Erfahrung bei den drei Dakars möchte Ingo für die Teilnahme beim African Eco Race seine Taktik ändern: Fortan fährt er nicht mehr auf Sicherheit, diesmal will er richtig Gas geben. Er genießt es, dass das Rennen auf den Wegen der „alten" Dakar stattfindet und Ingo kann zeigen, wie gut ihm das Fahren im Wüstensand liegt. Schon in den Etappen, in denen es viel durch Sand geht, kann Ingo Zeit und Positionen gutmachen.

Über die Salzpfannen erreicht er halsbrecherische Geschwindigkeiten von bis zu 165-170 km/h. Manchmal kommt er dann schon ins Grübeln, ob nicht auch 150 km/h ausreichen würden. Tief beeindruckt ist er vom Rasen über die Salzpfanne auf die Berge zu, die plötzlich groß vor einem stehen.

Auf Postion 6 erkennt Ingo, dass bessere Platzierungen möglich sind und visiert Position 3 und auch 2 an. Anfänglich fährt er nicht aggressiv genug, sodass er ungefähr eine Stunde auf die beiden Erstplatzierten verliert. Ihm liegt mehr das technisch anspruchsvolle Fahren, möglichst mit viel Sand statt dem schnellen Rasen.

Ingo erreicht das Ziel als Dritter und weckt damit das Interesse der internationalen Presse. Zurück in seiner Heimat ist die Begeisterung auch groß und man feiert Ingo für seinen großen Erfolg.

Ein weiteres Jahr fährt Ingo dann noch in der namibianischen Enduro Meisterschaft, die Schmerzen an seiner Hand werden dann aber immer größer, sodass eine Erweiterung seiner Erfolge nicht mehr möglich ist.

Heute kann die Windhoeker Enduro-Größe nur noch entspannte Touren fahren, richtige Rennen sind mit seinem Handgelenk nicht mehr möglich. Ein künstliches Gelenk würde das Problem teilweise lösen, die Schmerzen wären dann nicht mehr vorhanden, die Mobilität wäre für Rennen aber nicht mehr gegeben.

Ingo freut sich heute, dass seine 16-jährige Tochter mittlerweile auf einer 125er erfolgreich ihre Runden dreht und dankbar die Tipps des Papas annimmt.

Ein Traum von Ingo ist es, noch einmal eine Rallye zu bestreiten, diesmal aber gemeinsam mit seiner Tochter.

Foto: Alessio Corradini

Jens Schonecke: Der Handwerker mit innovativen IT Ideen

Jens wird in Windhoek geboren, wächst in Klein Windhoek auf und geht dort auch zur Schule. Nach der 12. Klasse verlässt er die Schule und es zieht ihn ins hessische Friedberg, wo er eine Ausbildung zum Tischler beginnt.

Schon während der Schulzeit entdeckt er die Leidenschaft für den Fußball für sich und lernt den ehemaligen Fußballer des 1. FC Kaiserslautern Georg Engelbauer kennen, der Jens´ Talent entdeckt und ihn fördert. Kurz vor der Jahrtausendwende wird Jens zum Probetraining nach Waldhof Mannheim eingeladen und absolviert dies zusammen mit der späteren Bundesligagröße Hanno Balitsch. Leider wird Jens vom Verletzungspech verfolgt, sodass er mit Knieproblemen nicht richtig durchstarten kann.

Beim FC Memmingen verletzt sich Jens erneut am Meniskus, sodass er wiederholt mehrere Monate pausieren muss, was den aufstrebenden Kicker stark belastet. Vom Ehrgeiz gepackt trainiert er hart für sein Comeback, übertreibt es dabei jedoch mehrmals.

Nach dem verletzungsbedingen verpassten Durchbruch, fliegt Jens zurück nach Namibia und beginnt dort seine Tischlerlehre. Sehr oft arbeitet er bis tief in die Nacht und beginnt in der Früh wieder mit der Arbeit, zusätzlich besucht er einmal pro Woche die Berufsschule. Die berufliche Belastung führt dazu, dass es zu Unstimmigkeiten mit dem damaligen Chef in Namibia kommt und Jens kurzerhand nach Deutschland reist und seine Ausbildung in Bad Nauheim/Hessen abschließt. Als bester Tischler Wiesbadens qualifiziert sich der junge, talentierte Handwerker für die Norddeutschen Tischler Meisterschaften und erzielt eine Platzierung unter den besten 15. Dann zieht es ihn ins schöne Ruhrgebiet. Jens teilt sich fortan ein Zimmer mit einem Tischlerkollegen aus Namibia in Dortmund und spielt in Erkenschwick Fußball sowie für eine Kickertruppe in Werne.

Zu seinen größten Erfolgen und schönsten fußballerischen Erlebnissen zählt ein U19 Turnier mit der namibianischen Nationalmannschaft in Schweden und Finnland, der Klassenerhalt mit dem Sportklub Windhoek und das Erreichen des Pokalfinales mit dem Sportklub, das jedoch leider in der 116. Spielminute verloren geht. Aufgrund der auffallenden Spielweise wird Jens für die Fußball A-Nationalmannschaft für das Spiel gegen Angola nominiert. Da ihm der Termin und die Zeitplanung nicht zusagen, sagt er kurzerhand die Einladung ab und verpasst somit den Auftritt auf großer internationaler Bühne.

Von jetzt an konzertiert sich Jens immer mehr auf seine beruflichen Erfolge, sodass er im August 2007 das Kitchen Centre Windhoek übernimmt und als Tischler maßgefertigte Küchen baut. Als die Anfrage eines Freundes kommt, der für die Gründung einer Computerfirma finanzielle Unterstützung benötigt, steigt Jens bei *Intouch/ my.na* ein. Da dies ein komplett anderer Berufszweig ist, erlernt der Allrounder kurzerhand Fertigkeiten im Bereich Informatik/Computer. Einige Jahre später steigt er aus der Computerbranche wieder aus und widmet sich erneut dem Holzhandwerk. Er gründet NamCut und fungiert nun als Zulieferer für andere Tischler in Namibia und im südlichen Afrika und importiert Zubehör aus Fernost. Er entwickelt sich mit seiner Firma ständig weiter, aber auch der digitale Zweig nimmt eine nicht unwesentliche Rolle in der Firma ein.

Der aufstrebende Tischler ist mit seiner Frau Annette verheiratet und hat zwei Töchter: Dunja und Lena und einen kleinen Sohn namens Michel.

Foto: Jens Schonecke

Katja Haase: Familienmensch mit der fröhlichen Stimme aus dem Radio

Katja wird in Windhoek geboren, wächst aber in Wilhelmstal auf.

Katjas Familie kommt ursprünglich aus dem Osten Deutschlands. 1908 reist Katjas Urgroßvater Richard Haase aus Deutschland mit dem Schiff nach Swakopmund. Dieser führt ein für damilige Verhältnisse sehr aufregendes Leben: Im Osten kauft und trainiert er für Scheichs Pferde.

Ihre Oma (väterlicherseits) kommt als 6-jähriges Mädchen aus dem Oberbayerischen Bad Reichenhall mit der Mutter vor genau 93 Jahren nach Namibia. Wenn Katja von ihrer Oma erzählt, gerät die Radiomoderatorin regelrecht ins Schwärmen - eine ganz besondere Frau. Urgroßvater Richard war es, der die noch heute im Familienbesitz bewirtschaftete Farm in Wilhelmstal kauft. 1967 beginnen die Großeltern den Jagdtourismus auf der Farm zu etablieren. Später übernehmen die Eltern den Farmbetrieb und übergeben es dann an Katjas Bruder Olaf.

Die Schulzeit verbringt Katja im Internat in Swakopmund, besucht dann alle drei Wochen am Wochenende die Farm und verbringt die Ferien dort. Nach der 12. Klasse hat Katja eine Vorliebe für Frankreich, möchte dort die Sprache lernen und arbeitet dort für zwei Monate als Au-pair. An der belgischen Grenze erlebt sie zum ersten Mal, wie kalt es in Europa werden kann. Nicht richtig wohl fühlt sich die damals 18-Jährige dort, versteht nicht so richtig die Sprache und es zieht sie daher nach München. Dort arbeitet sie den Sommer über im Biergarten, reist etwas umher und geht dann später nach Kapstadt. Dort studiert sie 4 Jahre PR und Kommunikation und erneut kommt Katja nach Europa, diesmal in die Schweiz nach Basel. Drei Jahre lang arbeitet sie im Marketing Bereich eines Eventunternehmens, bevor es sie wieder nach München zieht. Dort macht sie das, was Katja besonders liegt: Tourismus.

Ende 2015 verspürt Katja jedoch das Gefühl, wieder nach Namibia zurückkommen zu wollen. Sofort fühlt sie sich wieder pudelwohl und lernt viel über ihre Heimat. Erst zurück in Namibia wird ihr wirklich bewusst, was sie an Namibia hat: Wie schön das Land ist, wie toll die Menschen sind. Katja stellt Reisen zusammen und betreut Touristengruppen, Journalisten und Agenten und managt die Marketingangelegenheiten.

2020 übernehmen Sybille und Kai-Uwe Schonecke den deutschsprachigen privaten Radiosender Hitradio Namiba. Katja kennt die beiden schon länger, auch weil sie in unregelmäßigen Abständen Werbebeiträge für den Sender einspricht. Als die Moderatorin und Miteigentümerin des ausschließlich aus Werbeeinnahmen finanzierten Senders Sybille schwanger wird, wird eine Moderatorin für die Morgensendung gesucht. Katja sagt die neue Herausforderung spontan zu und geht einige Monate lang täglich in der Früh auf Sendung und fährt anschließend zu ihrem eigentlichen Job im Tourismusbereich. Nachdem ein neuer Kollege aus Deutschland ins Team kommt, ist Katjas Radiokarriere erstmal vorbei. Obwohl Katja einige Angebote aus dem Tourismusbereich vorliegen, entscheidet sich die Frau mit der Radiostimme aus den Morgenstunden aus dem Bauch heraus für ein weiteres Engagement beim Radiosender. Seit längerer Zeit plant Hitradio Namibia einen Podcast über Dinge, die im Land passieren, die aber nicht allen bewusst sind. Zusätzlich soll über schöne Orte im Land, die selbst Einheimische nicht kennen, berichtet werden und Persönlichkeiten des Landes aus den verschiedensten Bereichen interviewt und vorgestellt werden. Eine Aufgabe, die wie für Katja gemacht ist: Sie kennt und liebt das Land und die Leute.

Für ihren ersten Podcast reist die Jungmoderatorin nach Lüderitz und besucht später viele Orte im Land und spricht mit zahlreichen Personen. Teilweise findet sie die Gäste und Gespräche so spannend und interessant, dass sie die Beiträge nach dem Schnitt selbst bis zu fünfmal hört. Aber nicht nur Katja hört die Beiträge, eine breite internationale Masse hört den Podcast und trägt somit zum Erfolg bei: 71% der Hörer kommen aus Deutschland, gefolgt von Namibia, Schweiz, Österreich und Südafrika. Aber auch selbst in den USA und in Australien hört man die Aufzeichnungen von Katja. Der bislang erfolgreichste Beitrag handelt vom Etosha-Park.

Katja geht in ihrer Arbeit völlig auf, betont aber auch, dass sie nicht alleine für den Erfolg des Podcasts verantwortlich ist, sondern ihr Kollege Jasko Rust auch einen nicht unwichtigen Teil dazu beiträgt.

Erfreuen kann sich die Podcasterin über die zahlreichen positiven Rückmeldungen zu den Beiträgen. Auch gerade wenn es um touristische Orte geht, bekommt sie oft Rückmeldung von Tourguides, die manche Locations bisher gar nicht kennen und durch den Beitrag darauf aufmerksam werden und ihren Gästen zukünftig zeigen wollen.

Auch wenn die Zuhörer eigentlich nur Katjas Stimme kennen, wird sie im Land erkannt und besonders den Kindern macht es Freude, Katjas vollen Namen zu rufen, wenn sie sie erkennen. Das ist etwas, an das sich Katja erstmal gewöhnen muss, obwohl es ja auch ein Kompliment für ihre gute Arbeit ist.

Katja ist begeisterte Namibianerin, die sich auf die Zukunft des Landes freut, das von allen mitgestaltet werden muss. Katja freut es, dass die Vorurteile sich langsam, aber stetig in den Köpfen der Menschen abbauen. Nur so kann eine positive Entwicklung des Landes aussehen. Für Katja ist das Herz eines Menschen wichtiger als das Präsentieren unnötiger Luxusgüter.

Foto: Katja Haase

Mickie Krause: Der Partyschlagersänger mit sozialem Engagement

Mickie Krause, aus dem Münsterland stammend, reist als Partyschlagersänger durch die Lande. 1999 hat er seinen Durchbruch mit dem Lied „10 nackte Friseusen" und tritt seither auf der spanischen Insel Mallorca auf und man sieht ihn regelmäßig in den verschiedenen TV-Formaten. Was nicht viele wissen, Mickie Krause, der mit richtigem Name „Michael Engels" heißt, setzt sich für soziale Belange ein.

In Kenia, Tansania und Ruanda hat Mickie Krause Schulen bauen lassen.

Im Rahmen einer Spenden-Konzertreise mit der Hilfsorganisation „Fly and Help" gibt Mickie Krause, gemeinsam mit Peter Wackel, ein Konzert auf der Midgard Lodge in Okahandja.

Ursprünglich hat man mit einer Besucherzahl in Höhe von 600 bis 700 gerechnet, coronabedingt werden letztendlich nur 150 Besucher zugelassen. Unter die schlagerbegeisterten Deutschstämmigen aus Namibia mischen sich einige deutsche Touristen, die sich dieses einmalige Erlebnis fernab der Heimat nicht entgehen lassen wollen.

Vom Erlös des Konzertes lässt sich natürlich keine Schule in Namibia bauen, jedoch soll durch das mediale Interesse auf die Not der Kinder im Land aufmerksam gemacht werden.

Verwundert und gleichzeitig angetan ist Mickie Krause von den noch vielen, aber dennoch immer weniger werdenden, deutschen Straßennamen, der deutschen Bäckereien und der deutschen Brauerei und den Festivitäten wie Oktoberfest und Karneval.

Die nächste Reise in den südwestlichen Teil Afrikas plant Mickie bereits. Im Januar 2024 möchte er wieder ein Konzert in Namibia geben: „Stars unter Afrikas Sternen", erneut mit der Hilfsorganisation „Fly and Help". Dieses Konzert ist in Verbindung mit einer Rundreise durch die verschiedenen Teile Namibias geplant. Jeder Teilnehmer der Reise spendet automatisch, damit in Namibia neue Schulen errichtet werden können.

Während Mickie bei seiner letzten Benefizkonzertreise an der Rundreise teilgenommen hat, wird er sich 2024 teilweise von der Gruppe lösen und den Großteil in Swakopmund verbringen, da ihm die Stadt bei seinem letzten -zu kurzen- Aufenthalt an der Küste so gut gefallen hat.

Das Meer dort erinnert ihn an den rauen Atlantik, ähnlich wie auf Fuerteventura, und schon jetzt freut er sich auf die Zeit dort.

Da ihm seine Schulbauprojekte sehr am Herzen liegen, steht er teilweise mit den Lehrern der Schule in Kontakt und versucht, trotz vollem Terminkalender, der langen Anreise und den nicht unerheblichen Kosten, die Schulen persönlich einzuweihen.

Durch die Reisen in die verschiedenen afrikanischen Länder hat er erkannt, wie wichtig Bildung für die Kinder ist.

Eventuell wird Mickie nach seinem Aufenthalt in Namibia, wenn er schon auf dem afrikanischen Kontinent unterwegs ist, einen Abstecher nach Kenia machen und seine mittlerweile 4. Schule eröffnen, die gerade noch im Bau ist.

Foto: Chris Emil Janßen

Peter Wackel: Der geschäftstüchtige Musiker mit dem großen Herz für Namibia

Peter Wackel ist ein vielseitiger Sänger, der seine Liebe zu Namibia entdeckt hat und regelmäßig intensiviert. Neben Reisegruppen, die er ca. dreimal im Jahr durch Namibia führt, tritt er regelmäßig bei den verschiedensten Festivitäten auf (u.a. beim Karneval, beim Oktoberfest und bei Charity-Konzerten) und mittlerweile hat er Land gekauft und plant sein nächstes Projekt.

Im ländlichen Franken aufgewachsen, erlebt er heute in Namibia die Freundlichkeit und Offenheit der Menschen, die er aus seiner Kindheit kennt und schätzt. Im heutigen Deutschland sind diese Eigenschaften vielerorts doch leider verloren gegangen.

Vor über 10 Jahren bereist Peter den afrikanischen Kontinent. Tansania, Kenia, Sansibar und Südafrika sind seine Ziele. Mal macht er entspannt Urlaub mit seiner Frau, mal fliegt er zum Golfen oder für eine Safari nach Afrika.

Vor vier Jahren kommt er dann zum ersten Mal nach Namibia und erlebt nach der Landung ein komplett anderes Gefühl als bei der Ankunft in den anderen Ländern. Für ihn ist es sofort wie ein Nachhausekommen. Schnell kommt er mit den deutschstämmigen Namibiern in Kontakt, die ihm ein ganz anderes Bild von Afrika vermitteln. Für ihn ist es im südwestafrikanischen Teil wie in einem besseren Deutschland. Peter schätzt den Fleiß der Frauen und Männer, die alle hart mit anpacken und sich nicht „auf die faule Haut legen", sondern den Pioniergeist in sich tragen und ohne langes Gerede einfach machen.

Mit dem Pioniergeist der Namibianer kann sich Peter perfekt identifizieren, da auch er vor über 20 Jahren auf die spanische Insel Mallorca ausgewandert ist. Die Vorfahren der heutigen Namibianer schätzt er zutiefst, die mit dem Ochsenwagen von der Küste ins Landesinnere gereist sind.

Während des ersten Aufenthaltes in Namibia arbeitet Peters Frau in einem Kindergarten in Katutura und später noch auf der Farm Harnas. Sein soziales Engagement baut Peter dann weiter mithilfe Reiner Meutschs aus, dem Leiter der Hilfsorganisation „Fly and Help". Die beiden kennen sich schon lange, da Reiner Meutsch Geschäftsführer eines großen Reiseveranstalters war und Peter auch seit 20 Jahren in der Reisebranche tätig ist.

2019 entschließt sich Peter, eine Schule in Namibia bauen zu lassen. Während der Coronazeit stockt der Bau, aber seit 2021 läuft der Schulbetrieb an der „Peter Wackel Grundschule" in Okahandja. Da die Auftritte während dieser Zeit quasi nicht stattfinden können, nutzt Peter die Zeit sinnvoll und begleitet das Schulbauprojekt ständig - von der Grundsteinlegung bis zur Einweihung. Da von der anfänglich kalkulierten Bausumme einiges nicht gebraucht wird, fragt man Peter, ob von dem Geld nicht ein Spielplatz in Schulnähe gebaut werden kann. Von der Idee und der Ehrlichkeit ist Peter so begeistert, dass er dem Bau des Spielplatzes sofort zustimmt.

Das Projekt ist aber noch längst nicht abgeschlossen: Eine Erweiterung mit einer Sekundarstufe ist geplant.

Peter Wackel ist es wichtig, dass nicht nur das Schulgebäude da steht, sondern auch der Lauf des Schulbetriebs gesichert ist, inkl. Schulgebühr, Schuluniform.

Peter sieht sich als Multiplikator: Er organisiert Kleingruppenreisen und zeigt seinen Gästen zum Einen die Schönheit des Landes und den Luxus, zum Anderen ermöglicht er ihnen aber auch Einblick in das Leben der ärmeren Bevölkerung und führt seine Gäste durch Katutura. Seine Gäste/Freunde sind dann auch gerne bereit, Peters Schulprojekt zu unterstützen und nicht einer großen Hilfsorganisation, bei der ein nicht unwesentlicher Teil der Spendengelder für Verwaltungszwecke verschwindet. Peter Wackel steht mit seinem Namen, dass alles da ankommt, wo es ankommen soll und seine Gäste/Freunde wissen das zu schätzen.

Durch die Kontakte, die Peter mittlerweile in Namibia hat, ist es ihm möglich, dort oft aufzutreten. Da dies für ihn eine Herzensangelegenheit ist, gehen die Erlöse seiner Auftritte nicht aufs eigene Sparbuch, sondern direkt wieder in sein Schulprojekt.

Aus den Kontakten von Peter sind inzwischen mehr als Bekannte geworden, sie haben sich zu wahren Freunden entwickelt. Er trifft sich mit ihnen, schläft bei den Familien zuhause, und sie sehen in ihm nicht nur die Figur „Peter Wackel", sondern mehr den Menschen, der im wahren Leben „Steffen Peter Haas" heißt.

Besonders entgegenkommt Peter die Vorliebe für Karneval der deutschstämmigen Bevölkerung Namibias, da er selbst in der Prinzengarde der Stadt Aachen aktiv ist und bei den „Goldenen Jungs" in Köln. Peter geht komplett darin auf. Für die bevorstehenden Karnevalsveranstaltungen in Windhoek (WiKa) bringt Peter diesmal sogar fünf Prinzengardisten aus Deutschland mit - selbstverständlich in Uniform.

Wie geschäftstüchtig Peter Wackel aber ist, der u.a. seinen eigenen Wein vermarktet, zeigt er auch in Namibia. Gemeinsam mit einem Freund aus Namibia hat Peter ein Grundstück in Stampriet (40km östlich von Mariental gelegen) gekauft, auf dem er zukünftig Hühner halten möchte.

Aufgrund der Hühnerpest der vergangenen Jahre in Südafrika musste Namibia teures Fleisch aus fernen europäischen Ländern importieren. Um sich von dieser Abhängigkeit zu lösen, möchte Peter mit einem Freund und Geschäftspartner Hühner für die Fleischproduktion halten.

Ein Traum ist es, dass die Kinder, die den Abschluss auf seiner Schule in Okahandja erfolgreich geschafft haben, anschließend auf der Hühnerfarm eine Ausbildung machen und dort auch Arbeit finden.

Aufgrund der intensiven Kontakte, der Schule, seiner vielfältigen Auftritte und bald auch mit der Farm hat Namibia einen großen und festen Teil in seinem Herzen.

Foto: Peter Wackel

Pierre „der Hunta" Werner: Der musikalische Gastwirt mit dem guten Geschmack

1984 wird Pierre in der Landeshauptstadt Windhoek geboren. Seine Eltern sind auch in Namibia geboren, seine Großeltern kamen nach dem Zweiten Weltkrieg in die ehemalige Kolonie und ließen sich dort nieder.

Auf der Farm Elisenheim, der ersten Farm außerhalb Windhoeks, wächst Pierre auf. In Windhoek besucht er die einzige deutsche Regierungsschule der Hauptstadt: die Deutsche Schule Windhoek, die später in „Delta Schule" umbenannt wird. Der Besuch muss finanziert werden, ist jedoch erschwinglicher als die deutschen Privatschulen im Lande.

Nach der abgeschlossenen Schulausbildung macht sich Pierre wie sehr viele deutschstämmige Namibier auf große Reise nach Deutschland, um dort eine Berufsausbildung zu beginnen. Einfach funktioniert das, wenn noch Verwandte in Deutschland leben. Pierre lebt, bevor seine Ausbildung zum Kältetechniker im Norden Deutschlands beginnt, im nordrhein-westfälischen Köln bei seinem Freund aus Kindertagen: Ees, der auch in Köln lebt. In der Medienstadt arbeitet er übergangsweise bei einer Firma für Lichtverleih, die für bekannte TV-Produktionen tätig ist.

Im September 2004 beginnt „Hunta" seine Ausbildung zum Kältetechniker in Husum. Kaum zu glauben, dass er diesen Job ausgeübt hat, wenn man hört, dass er pro Jahr ungefähr 33.000 km mit der Bahn fährt, um Freunde zu treffen und das Land kennenzulernen. Ein Großteil seines Lehrlingsgehaltes investiert er in Bahntickets. Jedes zweite Wochenende reist er quer durch alle Bundesländer und kommt manchmal erst montags in der Früh zurück, zieht seine Arbeitskleidung über und geht wieder zur Arbeit.

Für seine jetzige Tätigkeit als Gastronom und Farmer lernt Pierre während seiner Ausbildung viel. Metallverarbeitung, Elektrik und das Klemptnerhandwerk sind Bestandteile seiner Ausbildung, die ihm heute noch täglich auf der Farm helfen. Somit ist er in der Lage, alles selbst zu reparieren oder auch zu improvisieren.

Insgesamt 5 Jahre lebt er in Deutschland, geht dann wieder für 3 Jahre zurück in die Heimat, die er liebevoll „die Schweiz Afrikas" nennt, bevor es ihn wieder für weitere 5 Jahre nach Deutschland und Österreich zieht.

Im Sommer arbeitet Pierre im Biergarten, im Winter auf den Skihütten des Salzburger Landes.

2015 eröffnet er gemeinsam mit seiner Frau das Restaurant „Farmer´s Kitchen". Besonders sonntags genießen die Einheimischen und Touristen die Biergartenatmosphäre, deutsche Küche mit Rouladen, Schnitzel, Spätzle, Schweinebraten und Haxen. Nachmittags freuen sich die Gäste auf guten selbstgebackenen Apfelstrudel, Erdbeerkuchen und auch den im südlichen Afrika bekannten Malva Pudding.

Pierre bereitet zahlreiche Speisen in der Küche vor, steht anfänglich auch am Herd, diesen Job gibt er dann jedoch an einen Jungkoch ab. Mittlerweile umfasst sein Team 16 Angestellte, die alle im eigenen Betrieb angelernt werden. Zufriedenheit in der Belegschaft sorgt dafür, dass ein Großteil der Angestellten von Beginn an im Team sind und es auch keinen großartigen Wechsel gibt. Arbeitstage von 14 Stunden sind keine Seltenheit. Alle Angestellten leben auf der Farm, haben dort ein Haus und genießen den Komfort, sich nicht um eine Wohnung in der Stadt kümmern zu müssen und ersparen sich zudem die längeren Transportzeiten. Da es zwischen den verschiedenen afrikanischen Kulturen nicht immer reibungslos zugeht, baut „Hunta" die Unterkünfte seiner Bediensteten nach Stämmen zugehörig nebeneinander oder auch weiter voneinander entfernt, um Spannungen innerhalb des Teams zu vermeiden.

Durch die Nähe zur Stadt, ist es sehr schwierig, Tiere auf der Farm zu halten. Die Berge machen es zudem nicht einfacher - Kudus fühlen sich dennoch wohl auf dem Farmgelände.

Pierre und seine Frau betreiben das Farmer´s Kitchen, seine Eltern haben den Campingplatz und einen Autostellplatz für Langzeitparker von meist europäischen Stammgästen, die für den Aufenthalt in Namibia Wert auf ihr eigenes Auto legen.

Seine Schwester wohnt auch mit auf dem Hof. Am Mittagstisch sitzen drei Generationen zusammen und darauf freuen sich alle Familienmitglieder den ganzen Tag lang.

Pierre kennt Leute im ganzen Land, von Katima Mulilo im Norden bis runter nach Lüderitz und genießt es. Aber auch in Deutschland kennt man ihn. Gäste der Farm, mit denen er noch immer in Kontakt steht, aber auch einen Großteil der Deutschnamibier, die an Pfingsten am NAMSA-Treffen teilnehmen, besucht er während seiner Reisen. Ist er auf langen Fahrten im Land unterwegs, trifft er auf Deutsche, die er schon am „Touri"-Auto erkennt, hält er an, fragt, ob alles „oright" ist und unterhält sich etwas in deutscher Sprache.

Im südlichen Teil Afrikas und im deutschsprachigen Raum kennt man Pierre nicht nur aufgrund seiner fröhlichen und offenen Art, sondern auch, weil er mit seinem Freund aus Kindertagen „Ees" Musik macht und in zahlreichen Musikvideos mit die Hauptrolle spielt. Da würde es sich anbieten, das Talent auch im eigenen Biergarten auszuspielen. Dies macht er jedoch nicht, sondern singt aussschließlich, wenn der mittlerweile in Deutschland lebende Ees an seiner Seite ist.

Bei jeder Musikproduktion steht für Pierre der Spaß im Vordergrund. Für ihn gehört eine entspannte Situation dazu - Kreativität entsteht nicht unter Druck.

Besonders freut er sich darüber, wenn Gäste aus Übersee extra seinetwegen ins Restaurant kommen, um ein paar Worte mit dem Musiker und Gastronom zu wechseln. Als Star sieht er sich jedoch nicht, bleibt bodenständig und natürlich. Ziel seiner Musik ist es, eine Lebenseinstellung zu vermitteln: Das Leben besteht nicht nur aus Arbeit, man muss auch wieder lernen, freie Zeit kreativ und mit Freude zu nutzen. Seine beiden Kinder sollen nicht vom Handy abhängig werden, auf der Farm finden sie alles, was eine glückliche Kindheit ausmacht: Platz zum Spielen, Haustiere, Quadbikes und viel Sonne, die es ermöglicht, möglichst viel Zeit an der frischen Luft zu verbringen.

Pierre genießt die offene Art der Leute in Namibia. Die Deutschstämmigen haben ein unheimlich großes Selbstvertrauen. Die Sorge, was andere über einen denken können, beschäftigt viele Leute in Deutschland sehr - in Namibia interessiert es nicht, was andere über einen denken. Bei Unstimmigkeiten oder Meinungsverschiedenheiten versucht man, dies in Namibia direkt aus der Welt zu schaffen, indem man miteinander redet. Auch findet mehr Kommunikation statt, während er bei einigen Touristen bedauert, dass nicht mehr gesprochen wird, sondern man sich viel mehr mit dem „Cellphone-Klimperkasten" beschäftigt.

Pierre sieht das Strahlen der Sonne als Grund für die entspanntere und fröhlichere Art der Leute.

Sehr positiv empfindet Pierre, dass die Kriminalität nicht vergleichbar mit der im südlichen Nachbarland ist. Natürlich kommt es in Namibia auch zu Wohnungseinbrüchen und Taschendiebstahl, aber nicht so schwerwiegend wie in Südafrika, wo man teilweise bei einem Steit um eine Zigarette um sein Leben bangen muss.

An seine Aufenthalte und Reisen nach Deutschland denkt er noch immer sehr positiv. Sehr zu schätzen weiß er, dass in Deutschland alles funktioniert und geregelt ist, auch wenn es teilweise zu viele

Regeln gibt. Wenn eine Bestellung in Deutschland nicht am Folgetag geliefert wird, wird der Deutsche schon nervös, in Afrika rechnet man erst in den folgenden Wochen damit und freut sich, wenn es überhaupt ankommt.

Aus der Heimat seiner Vorfahren vermisst er viele kulinarische Gerichte: die eingedeutschte mit Fleisch und Salat gefüllte Teigtasche - ein richtig guter Döner, steht weit oben auf seiner Liste, aber auch geräucherter Fisch und die vielen verschiedenen Biere, die es in Deutschland zu kaufen gibt.

Foto: Eric Sell

Dr. Ulf Tubbesing: Der Veterinärmediziner mit einem Herz für große Tiere

Aufgrund eines Notfalls im Tierreich musste das Interview kurzfristig verschoben werden. Eine Giraffenkuh war verendet und Dr. Ulf Tubbesing musste sich um das zurückgebliebene Kalb kümmern, das im Busch umherlief.

Feste Verabredungen sind unter Umständen nicht immer leicht einzuhalten, da der Tierarzt immer wieder mit unvorhersehbaren Schwierigkeiten konfrontiert wird und dann spontan in die Wildnis muss, um Tiere zu behandeln. Während man in Europa von großen, wilden Tieren fasziniert ist, gehört der Umgang mit ihnen zum Alltag des Großwildtierarztes.

Dr. Ulf Tubbesing gehört den Nachfahren einer der ersten Siedler aus Deutschland an, die sich aus Wuppertal auf die lange Reise ins entfernte Deutsch-Südwestafrika machten.

Der Tierarzt, der in Usakos geboren ist, seine Eltern leben zu der Zeit in Karibib, wächst abschließend in Omaruru auf.

Nach der Schule studiert Ulf in Südafrika Tiermedizin, lehrt nach erfolgreichem Abschluss des Studiums für 10 Jahre an der dortigen Universität und arbeitet zusätzlich an der Notklinik im Südafrikanischen Johannesburg.

Nach seiner Rückkehr nach Namibia behandelt er vorerst in seinem spezialisierten Fachgebiet: Kleintier Innere Medizin und seine Patienten werden dann immer größer. Während seiner Arbeit sieht er viel Raubwild: Löwen, Leoparden, Geparden, und so entwickelt sich langsam die Wildtierpraxis. Mittlerweile behandelt der Großwildtierarzt immer weniger Raubwild, viel mehr kümmert er sich um Nashörner, Giraffen, Elefanten und Antilopen.

Nicht nur die Behandlung kranker oder verletzter Tiere steht auf dem Programm, sondern oft geht es auch um die Umsiedlung einzelner Tiere oder ganzer Herden in umliegende

Gebiete/Reservate oder auch in entfernte Länder. Nicht selten fliegt der Mediziner mit einem Helikopter über die riesigen Flächen, am Ohr hört er dann die Signale des Sendehalsbandes und in der Hand hält er das Betäubungsgewehr. Höchstens 40m muss die Entfernung zum zu betäubenden Tier sein, um genau treffen zu können. Nach erfolgreichem Schuss vergehen dann ungefähr bis zu 10 Minuten, bis das Tier sicher schläft und behandelt werden kann. Sicher ist der Tierarzt bei dieser Arbeit jedoch nicht. Teilweise kommt es vor, dass die Mitglieder eines Löwenrudels in umliegenden Büschen warten, während Ulf das schlafende Tier misst, wiegt, behandelt und dokumentiert. Die fehlende Absehbarkeit, was im nächsten Augenblick passiert, macht den Beruf sehr abenteuerlich und interessant. Eine große Portion Hoffnung, dass alles glatt geht, hat der Tierarzt immer mit im Gepäck. Bei der Behandlung einzelner Elefanten einer Herde reicht Hoffnung allein jedoch nicht aus, dann sichert sich der Doktor mit bewaffneten Wildhütern ab. Scharfe Munition kam glücklicherweise bisher noch nicht zum Einsatz. Vorhersehbar und berechenbar ist der Umgang mit großen wilden Tieren jedoch nie: Ulf hat es auch schon erlebt, dass sich beim Verladen betäubter Dickhäuter andere Elefanten den vorsichtigen Tierarzt angehen wollen und dem nichts anderes übrig bleibt, als schutzsuchend unter den Lastwagen zu springen.

Im „Alltag" arbeitet Dr. Tubbesing vorrangig auf Privatfarmen, siedelt aber auch vom Staate Namibia freigegebenes Großwild auf Privatfarmen um. Die Umsiedlung von Tieren aus der freien Wildbahn in Zoos oder für private Sammlungen lehnt Tubbesing grundsätzlich ab. Dass die Tiere in ihre gewohnte Umgebung zurückkommen, ist ihm besonders wichtig und liegt ihm am Herzen.

Neben dem Großwild auf Farmen, um das sich der Tierarzt kümmert, hält Dr. Tubbesing Vorlesungen an der Tiermedizin-Fakultät der Universität Windhoek und hilft noch in der Klinik aus, wenn Spezialistenarbeiten im Bereich Chirurgie gefragt sind und Operationen durchgeführt werden müssen, die sonst keiner machen kann. Die Arbeit in der Klinik bereitet ihm große Freude, aber richtig wohl fühlt er sich erst dann, wenn er im Busch unterwegs sein kann und mit großen Tieren zu tun hat.

Entspannung am Wochenende kennt der Tierarzt gar nicht. Viele der Wildfarmer bewirtschaften nur von Freitag bis Sonntag aktiv ihre Farm, sodass die meisten Anfragen in diesem Zeitraum Tubbesings Telefon erreichen. Vor lauter Arbeit fehlt im oft der Überblick, welcher Wochentag gerade ist. Nicht selten kommt es vor, dass er bis zu 10.000km im Monat hinterm Steuer sitzt und die verschiedenen Farmen im Land abfährt.

Außerhalb Windhoeks besitzt Tubbesing eine eigene kleine Farm. Wenn er nicht in der Klinik oder im Busch unterwegs ist, zieht er sich dahin zurück, genießt die Natur, die Ruhe und seine eigenen Tiere. Neben zahlreichen Antilopen lebten zwei weiße Nashörner auf der Farm, die jedoch gewildert wurden. Acht Leute waren angestellt, um ausschließlich die handzahmen Nashörner zu beaufsichtigen, die Ulf selbst mit der Flasche aufgezogen hat. Als Tubbesing einen neuen Wildhüter einstellt, weiß er nicht, wen er sich da in sein Team holt. Der Neuling agiert skrupellos und kooperiert mit Wilderern. Dieser passt einen günstigen Moment ab, als der Boss beruflich in Angola unterwegs ist. Das restliche Team hat bei Vollmond die ganze Nacht die Rhinozerosse beaufsichtigt und darf sich am Folgetag ausruhen. Der Neue lässt die Wilderer auf das Farmgelände, ruft die beiden Handaufzuchten, die voller Vertrauen sofort angelaufen kommen, und erschießt sie eiskalt. Bei der Aufklärung solcher Straftaten ist der Farmbesitzer hoffnungslos. Zu viel Geld geht in oberen Etagen über die Schreibtische einflussreicher Leute, sodass die Strafverfolgung oft im Sande verläuft.

Ulf befürwortet den Handel mit Nashorn und sieht darin die mögliche Lösung des Problems mit der Wilderei und Abschlachtung der Nashörner. Er befürchtet, dass es in nur 10 Jahren kaum noch Nashörner in freier Wildbahn auf dem afrikanischen Kontinent geben wird. Viel zu häufig muss man in letzter Zeit über

Nashornwilderei in der Presse lesen, spendable Leute aus Fernost geben das grausame Töten oft in Auftrag und zahlen bei erfolgreicher Verhaftung auch noch dafür, dass die Gefängnisinsassen dann auf misteriöse Weise wieder fliehen können. Auch Hilfsorganisationen profitieren von dem grausamen Abschlachten, da aufgrund solcher Vorkommnisse die Leute mehr gewillt sind, Geld für den Schutz der Tiere zu geben.

Die Jagd stellt für ihn ein wichtiges Kriterium für den Erhalt der Vegetation des sehr trockenen Landes dar, in dem man nicht vorhersagen kann, ob es im Jahr überhaupt regnet und wenn doch, wie viel.

Eine Antilopenherde wächst bei fehlender Bejagung um 25%, im gleichen Zeitraum wächst eine Elefantenherde durchschnittlich um 8%. Siedelt man diese Tiere nicht um oder bejagt sie, kommt es zu einer Überpopulation, die Weide wird aufgefressen und die Tiere verenden.

Früher lässt sich Ulf öfters von Kamerateams aus dem deutschsprachigen Ausland begleiten, auch Teams von National Geographic sind dabei. Der Druck, den diese Teams oft ausüben, da sie in kurzem Zeitraum alles abgedreht haben müssen, macht es nicht gerade einfach - Natur ist halt unvorhersehbar und entspricht in den seltensten Fällen einem Drehbuch. Ist der Helikopter aufgrund des Windes nicht startbereit oder die gewünschten Tiere nicht auffindbar, geraten die Teams mit fehlendem Filmmaterial in Stress und geben den an Ulf weiter, der sich als Wildtierarzt sieht und nicht als Hollywoodschauspieler.

Viele Anfragen lehnt er daher ab,es sei denn, die Filmaufnahmen bringen Tierschutzprojekte weiter.

Auch extrem lukrative Anfragen aus Saudi-Arabien und China lehnt Ulf ab, wohin er Giraffen, Elefanten, Geparden, Zebras und andere afrikanische Tiere liefern soll. Mit seinem Gewissen kann er es nicht vereinbaren, dass seine Tiere in einer Wüste und in zu kleinen Arealen versauern.

Ulf möchte sich noch lange am Anblick des Wildes in der freien Natur erfreuen.

Foto: Ulf Tubbesing

Dr. Wolfgang Altstaedten alias „Dr.Wolf": Der TV-Tierarzt mit dem Herz für kleine und große Vierbeiner

Der bekannte deutsche Tierarzt aus der VOX Sendung „Hund, Katze, Maus" leitet eine Tierklinik im Nordrhein-Westfälischen Werl, bekommt Herzprobleme, verkauft seine Tierklinik, versucht einen Neustart in Australien, da ihm seine deutschen Dokumente aus dem Studium in Downunder nicht anerkannt werden, zieht er nach Wiesbaden, leitet dort wieder eine Praxis und wird dort zum TV-Tierarzt. Mittlerweile lebt er gemeinsam mit seiner Frau in Swakopmund. Dort besitzt er auch eine dauerhafte Aufenthaltserlaubnis. Dr Wolf hat seine Tierarztpraxis in Wiesbaden verkauft, besitzt jedoch noch einen Wohnsitz in Köln, hält sich mittlerweile jedoch lieber in Namibia auf als in Deutschland. Die Familienmitglieder besuchen Herrn Dr. Altstaedten, der vielen in seiner alten Heimat nur unter dem Namen „Dr. Wolf" bekannt ist, im trockenen Wüstenstaat.

1989/90 sucht ein TV-Sender einen Tierarzt, den man - nach englischen Vorbild- bei der Arbeit begleiten soll. 300 Ärzte werden gecastet, einer davon ist „Dr. Wolf", der von einer seiner Angestellten dort anmeldet wird und kurze Zeit später laufen schon die ersten Probeaufnahmen und dann ist die Sache ganz schnell unter Dach und Fach. 1990 wird die erste Sendung aufgezeichnet. Über die nächsten Jahre dreht „Dr. Wolf" nahezu pausenlos, sodass er auf 750 Sendungen kommt, in denen ein Kamerateam seine Arbeit begleitet und der Tierarzt den Zuschauern auf ruhige Weise, mit rheinländischem Dialekt Tierkrankheiten und Behandlungsverfahren erklärt.

Durch Zufall entdeckt der Tierarzt nach einem Urlaub in einem seiner bevorzugten Reiseländer Namibias eine Anzeige für eine leerstehende Wohnung direkt im Hohenzollernhaus in Swakopmund. Der kauf geht sehr schnell und in den Folgejahren verbringt der TV-Tierarzt seine Urlaube im Hohenzollernhaus, einem der geschichtsträchtigsten Häuser Swakopmunds.

Von da an begleitet ihn das Kamerateam nicht nur bei seiner Arbeit in der Praxis in Deutschland, sondern filmt die Arbeit Dr. Wolfs auf verschiedenen Wildtierauffangsstationen im Südwesten Afrikas.

Von Besuch zu Besuch wird die Verbindung zum Land und zu den Leuten immer enger. Dr. Altstaedten schätzt die Freundlichkeit und den Respekt in seiner neuen Heimat älteren Menschen gegenüber sehr. Jedes Mal erfreut es ihn, wenn er mit den Worten „Good morning Opa" begrüßt wird oder die Angestellten an der Kasse beim Beladen des Einkaufswagen behilflich sind.

Vor Jahren war Dr. Altstaedten mit seiner Frau mal bei der Spitzkoppe und hat dort mit dem Wagen bei den Verkäufern der Halbedelsteine angehalten. Ein schwarzer Verkäufer mit zwei Jungs, der ihm Steine verkaufen möchte, stellt sich vor und nachdem er merkt, dass sein potentieller Kunde aus Deutschland kommt, stellt sich der Verkäufer mit strahlend blauen Augen mit dem deutschen Namen „Georg" vor. Auf die Frage, wer ihm die blauen Augen vererbt hat, antwortet Georg mit deutlicher deutscher Betonung: „Großvater war bei der Schutztruppe!" Auf die Frage, wo seine Jungs denn zur Schule gingen, antwortet der blauäugige Mineralienverkäufer, dass er dafür kein Geld habe. Dr. Altstaedten fährt am nächsten Tag nach Swakopmund und kauft Kleidung und Verpflegung für den Vater und seine Söhne. Auch den Schulbesuch und den Aufenthalt im Schülerheim finanziert der TV-Tierarzt in den Folgejahren.

Dass sich die Kinder Namibias und Deutschlands doch ähneln, zeigt sich daran, dass die Kinder in beiden Ländern oft noch nie Wildtiere in der Natur gesehen haben: In Deutschland sind es Rehe, die die Kinder nur aus Liedern und Büchern oder aus dem Fernsehen kennen, in Namibia sind es die Oryx Antilopen oder Kudus, die viele der schwarzen Bevölkerung noch nie in freier Wildbahn gesehen haben.

Nachdem sich das Altstaedten Paar einen Hund zugelegt hat, wird die Etagenwohnung zu klein und in Rössmund finden die beiden ein Haus mit kleinem Garten und der Möglichkeit, mit dem Hund mal in die Wüste gehen zu können. Neben dem Garten sind die höheren Temperaturen, der fehlende allmorgendliche Nebel und die zusätzlichen Sonnenstunden ein Vorteil gegenüber Swakopmund.

Große Freude bereitet es dem pensionierten Tierarzt, wenn er morgens beim Spaziergang bis zu 40 Springböcke sieht und diese nicht mal zur Seite gehen, wenn Dr.Wolf mit seinem Hund durch die Herde läuft. Paradiesisch findet das der TV-Tierarzt.

Bedauernswerter Weise ist er in seiner neuen Heimat Namibia nicht mehr als Tierarzt tätig. Gerne würde Dr. Wolfgang Altstaedten seiner Leidenschaft manchmal doch nochmal nachgehen und große Wildtiere betäuben, einfangen und behandeln. Leider wird ihm diese Möglichkeit nicht geboten - vermutlich aus Angst vor Konkurrenz.

Während der Corona-Pandemie sind der Tierarzt und seine Frau 20.000km durchs Land gefahren. Vom Norden bis zum Süden haben sie das ganze Land bereist, viel erlebt und haben sich am Anblick der Tiere erfreut. Nun können sie sich entspannt zurücklehnen, weil sie nun das ganze Land bereist haben. Wenn Freunde aus Deutschland die beiden besuchen möchten, arbeitet der pensionierte Tierarzt gerne Touren aus, nimmt aber nicht mehr an jedem Ausflug teil. Die Begeisterung an der Tierwelt hat jedoch nicht nachgelassen. Auf den verschiedenen Lodges im Land kann sich Dr. Wolf besonders an den wilden Tieren erfreuen, die mit der Flasche aufgezogen wurden und daher die Scheu vor dem Menschen verloren haben und teilweise auf die ihnen von Menschen gegebenen Namen hören.

Mit Wut erfüllt es den Tierarzt, wenn er über die Wilderei spricht - unbegreiflich ist es, dass in Namibia so viele Nashörner gewildert werden.

Dr. Wolf fühlt sich in Namibia pudelwohl, wobei ihm kulturelle Veranstaltungen fehlen. Aber auch dafür haben die Altstaedtens eine Lösung parat: Da die Flugverbindung von Walvisbay nach Kapstadt schnell und erschwinglich ist, genießen die beiden gelegentlich kulturelle Kurztrips nach Südafrika.

Der wissenschaftlichen Gesellschaft Swakopmund ist der Tierarzt beigetreten und hat einen Vortrag über das Pangolin (Schuppentier) gehalten. Weitere Vortragsvorhaben über z.B. Wildhunde verlaufen im Sande, was eventuell an der Corona-Pandemie liegen könnte.

Der ärztlichen namibianischen Versorgung vertraut der Veterinätmediziner komplett, da ihn in seiner neuen Heimat jedoch keiner mehr in der Krankenkasse aufnimmt, lässt Dr. Altstaedten größere Behandlungen in seiner alten Heimat Köln durchführen. In der Hoffnung, dass er immer wieder den Flug zu Behandlungszwecken nach Deutschland schafft, freut sich der Tierarzt immer wieder, wenn er zurück in seine neue Heimat kommt und die Weite des Landes genießen kann. Stau auf der Autobahn, volle Straßenbahnen und volle Städte sind Dinge, die er ruhigen Gewissens hintersichlassen kann. Nun freut er sich auf die nächsten 15 Jahre, die ihm ein Arzt nach der letzten Herzoperation vorhergesagt hat.

Foto: Dr. Wolfgang Altstaedten

Der Autor

Lars Poppenborg

Geb. 1976 in Dortmund, lebt in Osnabrück.

Lars Poppenborg arbeitet nach dem Studium in seiner Geburtsstadt und dem Referendariat in Hamm für einige Monate als Lehrer an der Namib-Primary-School in Swakopmund, nachdem er

Jobangebote aus Kanada und Südafrika ausgeschlagen hat. Seitdem ist der Vater dreier Jungs Lehrer und später stellvertr. Schulleiter in Osnabrück. Viele Male hat er bereits den afrikanischen Kontinent bereist und liebt Land, Leute und Tiere.

Foto: Lars Poppenborg

Bildnachweis: